101 TRUCS ET CONSEILS

MAÎTRISER LE MARKETING

MOI ALI

MANGO PRATIQUE

Un livre de Dorling Kindersley

Première édition en Grande-Bretagne en 2001 par
Dorling Kindersley Limited
9 Henrietta Street, Londres

Dépôt légal : février 2002
Traduction : Agnès Espenan
Adaptation : Dominique Montembault
Composition, mise en pages : Studio Michel Pluvinage
Imprimé à Hong Kong

ISBN 2 84270 327 8

MANGO *PRATIQUE*

Sommaire

Créer des Produits Forts

Maximaliser la Publicité

Développer une Stratégie

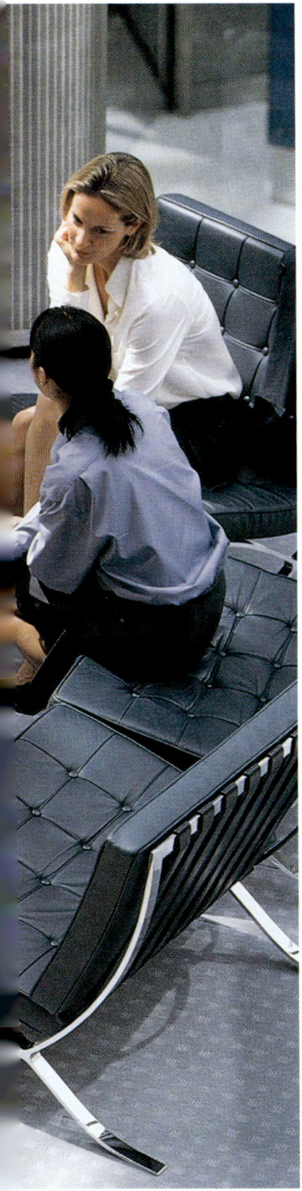

INTRODUCTION

Le marketing est une discipline essentielle pour l'entreprise et l'importance de sa contribution au succès d'une société est largement reconnue. Un marketing efficace permet d'obtenir de meilleurs produits, des clients plus satisfaits et des profits plus importants. Que vous soyez responsable d'un service marketing ou qu'il s'agisse pour vous d'une activité périphérique, Maîtriser le marketing *vous montrera comment adopter une approche stratégique de cette tâche. Restez dans la course grâce à des suggestions, des conseils et des informations utiles et évaluez vos compétences grâce à un test. En couvrant des concepts basiques tels que le marketing mix, des compétences essentielles comme le marketing direct et les éléments fondamentaux de la stratégie marketing, ce livre est un guide inestimable pour améliorer vos résultats.*

PLACER LE CLIENT AU PREMIER PLAN

Le marketing est une des clés du succès pour toute entreprise, mais il doit être guidé par le client pour être efficace. Faites des clients votre principal centre d'intérêt et recueillez-en les fruits.

COMPRENDRE LE MARKETING

On confond souvent le marketing avec la publicité et la promotion, mais ces deux activités ne sont qu'une partie d'un ensemble plus vaste. Prenez conscience de tous les éléments du marketing, et notamment du rôle central joué par le client, et vous serez déjà un peu plus proche du succès.

1 Centrez votre activité autour des besoins des clients.

2 Collectez autant d'informations que possible sur les exigences des clients potentiels.

DÉFINIR LE MARKETING

« Faire ce que l'on peut vendre, et non pas vendre ce que l'on peut faire » devrait être le credo de tout marketing efficace. Les entreprises qui vendent ce qu'elles peuvent faire sont centrées sur le produit : elles le placent au premier plan, devant le client, et ne voient le marketing que comme un moyen de persuader les clients d'acheter. Les entreprises les plus performantes produisent ce qu'elles peuvent vendre. Elles se concentrent sur le client en créant des produits et des services qui répondent à leurs besoins.

PRENDRE LE MARKETING AU SÉRIEUX

Pour amener les clients à acheter, concentrez-vous sur tous les aspects du marketing et pas seulement sur la promotion et les techniques de vente. En prenant cette discipline au sérieux et en étant conscient de son influence, vous pourrez recueillir tous les bénéfices qu'un marketing efficace a à offrir : des clients satisfaits et fidèles, une base de clientèle croissante, des produits populaires et à succès, un chiffre d'affaires en augmentation, plus de recommandations et d'achats répétés ainsi que moins de plaintes. Le résultat final consiste en de plus gros profits, ce qui constitue l'une des plus importantes raisons d'améliorer les performances du marketing. Vous pourrez ainsi jouir d'un succès général de l'entreprise et être envié par vos concurrents.

3 Essayez de développer une approche du marketing ouverte sur l'extérieur, innovante et réactive.

SE CONCENTRER SUR LE CLIENT

La recherche est menée en fonction des désirs des clients

↓

Le produit ou le service est conçu pour répondre aux besoins

↓

Le produit ou le service est rendu public

↓

Les clients achètent le produit ou le service

↓

Le produit ou le service répond aux besoins des clients

↓

Les clients rachètent le produit ou le service

IDENTIFIER LES ENTREPRISES SELON LEUR MARKETING

TYPE D'ENTREPRISE	CARACTÉRISTIQUES
LES LEADERS Elles anticipent constamment les besoins des clients et sont les premières à lancer leurs produits sur le marché.	Innovantes et réactives. Ces entreprises comprennent vraiment le marketing. Elles investissent dans la recherche et le développement de produits.
LES SUIVEURS Elles n'aiment pas prendre de risques et observent d'abord les tendances du marché avant de se décider.	Manque d'esprit pionnier. Ces entreprises peuvent atteindre une certaine réussite, mais leur attitude limitera toujours le succès. Une approche plus active améliorerait les résultats.
LES FOSSILES Elles ont toujours mené leurs activités de la même manière et ne voient aucune raison de changer.	Conservatrices, bornées et suffisantes. Ces entreprises ont besoin de développer un esprit plus ouvert, de réagir selon les besoins du client, et non selon leurs habitudes.

ANALYSER LE MARKETING MIX

Le marketing mix est une recette très simple à suivre et très efficace. Mélangez ses ingrédients clés – produits, prix, place et promotion – dans les bonnes proportions et vous recueillerez les nombreux bénéfices d'un marketing efficace et stratégique.

4 Étudiez chaque élément du mix et déterminez son importance.

5 Créez le bon équilibre entre prix et qualité.

6 Concentrez vos efforts sur les éléments clés du mix.

COMPRENDRE LE MIX

Le marketing mix suit la règle des « quatre P » : produit, prix, place et promotion. Le marketing participe au développement du bon produit (celui qui répond aux besoins du client), à la définition du bon prix (celui qui génère un profit et qui satisfait le client), à la définition de la meilleure place pour ce produit (l'endroit où le consommateur peut l'acheter) et à sa promotion (encouragement à l'achat). Les éléments du mix sont les mêmes pour toutes les entreprises, seules les proportions varient. Quand les clients sont très sensibles au prix, par exemple, celui-ci domine le mix, et définir le bon prix devient vital.

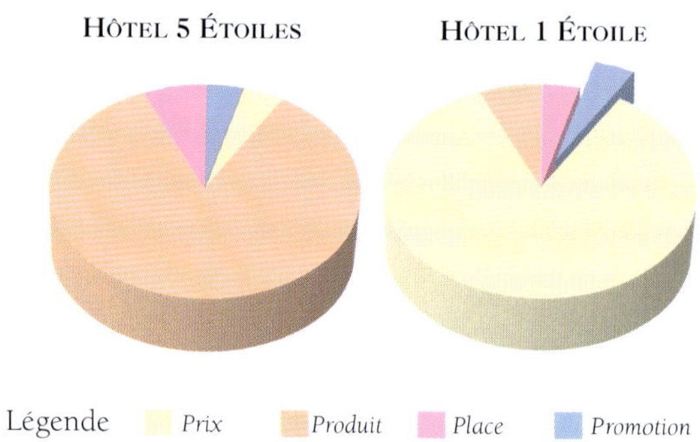

COMPARAISON ▶ DE DEUX MIX

Deux hôtels peuvent avoir des mix totalement différents. Pour un hôtel cinq étoiles, le produit (excellent restaurant, accès à un club de sport et chambres de qualité supérieure) est l'élément essentiel du mix. Les clients attendent une prestation de luxe et acceptent d'en payer le prix. Pour un hôtel une étoile, le coût est d'une importance primordiale. Les clients recherchent un toit pour un prix abordable.

ÉTUDIER LES PROPORTIONS

Imaginez le bon marketing mix, et vous maximiserez vos profits. Concentrez-vous sur chaque élément du mix afin de déterminer son importance pour votre activité. N'oubliez pas que le mix n'est pas immuable ; les proportions parfaites aujourd'hui peuvent ne pas produire les effets désirés l'année prochaine ou même la semaine prochaine. De temps en temps, vous devrez faire varier votre formule, en réduisant les prix pendant une courte période, par exemple. Il y a une interrelation entre les quatre éléments du mix. Si le prix d'un produit est élevé, les clients auront des attentes importantes. Si la publicité et les opérations promotionnelles sont importantes, les coûts devront être imputés sur les prix.

7 Revoyez votre marketing mix régulièrement.

8 Comparez votre mix à celui de vos concurrents.

CRÉER LE BON MARKETING MIX

ÉLÉMENTS CLÉS	FACTEURS À PRENDRE EN COMPTE
PRODUIT OU SERVICE Il est acheté par le client pour satisfaire un besoin : besoin pratique (se débarrasser d'une tâche), émotionnel (se sentir bien) ou élémentaire (satisfaire sa faim).	• Les produits et les services remplissent généralement plusieurs besoins, et il est important d'identifier quels besoins vos produits ou vos services peuvent satisfaire. • Un produit ou service peut satisfaire un besoin dont les clients ne sont même pas conscients.
PRIX Part cruciale du mix, le prix doit être fixé pour permettre des ventes en quantité et assurer des profits.	• Le bon prix pour des produits de qualité est un prix juste. Prix et qualité doivent être équilibrés avec succès. • Prix juste ne veut pas forcément dire prix bas – pour les clients, prix bas peut vouloir dire qualité inférieure.
PLACE C'est le « pont » reliant le produit aux clients : grossistes, commerçants de détail ou tout autre réseau de distribution.	• Pour certaines activités de niche, la place n'est pas un problème – ainsi, les collectionneurs peuvent faire de longs trajets pour dénicher l'objet rare. • Internet constitue un nouvel outil pour rassembler les clients et les entreprises.
PROMOTION Les opérations promotionnelles, comme la publicité ou le marketing direct, informent les clients de ce que vous avez à leur offrir et les persuadent d'acheter.	• Les opérations promotionnelles sont essentielles pour attirer le client. • Pour les entreprises qui s'occupent d'activités éphémères, la promotion est moins importante puisque le bon produit et la bonne place suffiront à assurer le succès.

FIXER LE BON PRIX

Le prix est l'élément le plus flexible du marketing mix puisqu'on peut le changer rapidement et facilement. Mais vos profits dépendent de votre façon de gérer les prix. Vendre à bas prix signifie des marges de profit faibles et une totale dépendance vis-à-vis d'importants volumes de ventes. Une baisse de votre activité peut alors vous conduire à la faillite. Il n'existe pas de lien fixe entre le prix et les coûts : vous pouvez augmenter vos prix même si vos coûts restent stables ou les baisser sans qu'il y ait réduction des coûts. Contrôlez les prix de vos concurrents afin de savoir comment évolue le marché et essayez de comprendre quelle est la stratégie de vos concurrents. Développez ensuite votre propre stratégie de prix. L'offre et la demande influeront inévitablement sur ce que vous pourrez demander, mais la meilleure stratégie reste la suivante : ni trop bas, ni trop haut, des prix justes.

POINTS À RETENIR

- Prix bas est souvent confondu avec qualité inférieure et ne fait pas forcément réaliser plus de ventes.
- Les clients n'achètent pas un produit simplement parce qu'il est économique ; ils achètent pour satisfaire un besoin. Aussi peu chères que soient vos tondeuses à gazon, vous n'en vendrez jamais à une personne qui ne possède pas de jardin.
- Les clients peuvent accorder moins d'importance aux prix que vous ne le pensez. Faites des tests sur les habitudes d'achat de vos clients et cherchez à savoir s'ils recherchent toujours les meilleurs prix.

9 Assurez-vous de connaître les prix de vos concurrents.

10 Testez votre clientèle pour savoir comment elle vous perçoit.

VENDRE DE LA VALEUR

Les boniments de vendeurs basés sur les prix attirent les clients sensibles aux prix qui évoluent déjà sur votre marché. Un argumentaire fondé sur la valeur du produit peut séduire des clients qui n'étaient même pas conscients d'avoir besoin de votre produit. Par exemple, un matelas à 3 000 € attirera automatiquement les clients qui veulent acheter un nouveau matelas à moindre coût. Un matelas soulageant le mal de dos vous ouvrira un nouveau marché en attirant les gens qui souffrent du dos.

QUESTIONS À SE POSER

Q Que vaut notre offre en terme d'économie de temps et d'effort pour le client ?

Q Notre offre procure-t-elle de la valeur en insistant sur la beauté ou le statut ?

Q Démontrons-nous que l'achat de notre produit n'est pas un coût mais un bon investissement ?

Q Savons-nous quels sont les critères d'achat de notre clientèle ?

ADAPTER LES RP AU MIX

Les relations publiques (RP) sont souvent considérées comme un cinquième « P » du marketing mix, un P qui signifie perception. Un marketing efficace repose sur une bonne image. Un produit attrayant à un bon prix ne garantit pas les ventes. Les clients n'aiment pas acheter les produits d'une entreprise ayant mauvaise réputation. Utilisez les techniques de RP pour rehausser votre image et modeler des perceptions positives auprès des clients. Envisagez les différentes façons d'améliorer votre image : votre entreprise pourrait par exemple sponsoriser une œuvre de charité ou un événement local. Construisez une image forte en rendant vos actions publiques par le biais des médias.

11 Impliquez les RP dans les décisions marketing.

12 Fondez-vous sur des études plutôt que sur l'intuition pour satisfaire les besoins des clients.

CRÉER LA BONNE IMAGE

Identifiez en interne les différents aspects qui participent à la vision que les clients ont de vous. Cela peut inclure vos locaux, les réponses téléphoniques de votre personnel et votre matériel publicitaire. Examinez chacun d'entre eux en détail et définissez quel type d'image ils véhiculent auprès des clients. Est-ce l'image que vous voulez faire passer ? Si la réponse est non, concevez un plan d'action pour remplacer votre image actuelle par celle que vous voulez transmettre.

◀ **TRANSMETTRE UNE BONNE IMAGE**
Un cadre attrayant, un personnel motivé et des procédures bien conçues sont autant d'éléments essentiels pour transmettre une image humaine et sympathique et pour donner à votre entreprise un avantage sur ses concurrents.

APPRENDRE À CONNAÎTRE SES CLIENTS

Une bonne information sur les clients est indispensable pour améliorer le profit, c'est pourquoi il est essentiel de savoir exactement qui sont vos clients. Regardez-les, parlez-leur, posez-leur des questions et recherchez toutes les informations susceptibles de vous éclairer sur ce qui peut les satisfaire.

13 N'interrogez pas vos clients juste pour le plaisir ; ne recherchez que ce qui peut vous être utile.

14 Collectez régulièrement des informations en interrogeant de nouveaux clients.

RASSEMBLER DES DONNÉES

Beaucoup d'entreprises ont de très importantes bases de données sur leurs clients, mais seules les sociétés qui répondent au désir des clients d'être traités en tant qu'individus pourront réellement réussir. Les informations rassemblées vous permettront d'établir le profil de vos clients et d'identifier les segments de clientèle. En satisfaisant les besoins identifiés des clients, vous vendrez plus et perdrez moins de clients. Une meilleure connaissance de vos clients vous permettra en outre de mieux cibler votre publicité.

ÉTABLIR UN PROFIL DES CLIENTS

Le profil vous fournit une description de votre client type. Certaines entreprises exigent des profils approfondis précisant le sexe, l'âge, le revenu, le style de vie, l'adresse et le type de logement, le nombre d'enfants, etc. Pour d'autres, un profil plus simple suffit. Définissez les caractéristiques que vous devez absolument rechercher chez vos clients, identifiez le type de données dont vous avez besoin et élaborez ensuite un plan d'action pour les découvrir.

QUESTIONS À SE POSER

Q À quel groupe d'âge appartiennent nos clients et quelle est la répartition hommes/femmes ?

Q Où vivent nos clients et sont-ils prêts à effectuer de longs trajets pour faire leurs achats ?

Q Effectuent-ils des achats occasionnels ou réguliers ?

Q Combien dépensent-ils chaque mois, chaque année ?

IDENTIFIER LES SOURCES D'INFORMATION

SOURCE	FACTEURS À PRENDRE EN COMPTE
INFORMATIONS DÉTENUES PAR L'ENTREPRISE Factures, bordereaux, mailing et statistiques de vente.	Les informations déjà détenues peuvent souvent vous fournir des informations marketing très utiles, comme l'importance des achats, la date du dernier achat et la localisation géographique des clients.
ENQUÊTE CLIENTS Enquête en face à face et réunions de groupe.	Un bon moyen de découvrir des informations de qualité sur les motivations de vos clients. Expliquez-leur que leurs impressions vous aideront à développer vos produits et vos services de façon à satisfaire leurs besoins.
RETOURS CLIENTS Coupons réponses, commentaires *via* votre site web.	Offrez à vos clients le plus de moyens possibles de vous communiquer leurs opinions. Demandez-leur ce qu'ils pensent de vos produits et services, mais pensez également à collecter des données pertinentes sur eux.
INFORMATIONS OFFICIELLES Données officielles sur les résultats des entreprises et sur leurs finances.	Utilisez les sources d'information officielles pour établir le profil type des entreprises clientes, en vous basant sur des éléments comme la taille ou le chiffre d'affaires, puis ciblez des entreprises similaires.

SEGMENTER LES CLIENTS

Divisez votre base de données clients en différents segments. Vous pouvez différencier les clients réguliers ou occasionnels, sensibles aux produits à forte valeur ajoutée ou non. Identifiez vos principaux segments de clientèle et adaptez vos activités marketing en conséquence. Les clients sensibles à une forte valeur ajoutée, par exemple, méritent plus d'attention, tandis que les remises de fidélité ou les prix cassés suffiront à persuader les clients peu sensibles à la valeur ajoutée d'acheter plus et plus souvent.

15 Transformez les clients occasionnels en clients réguliers sensibles à une forte valeur ajoutée.

16 Identifiez les facteurs qui vous aideront à cibler de nouveaux clients.

UTILISER LES INFORMATIONS

Intégrez l'étude de profil et la segmentation à votre prise de décision marketing. L'étude de profil peut révéler que les produits destinés à un groupe sont en fait achetés par un autre. Si une entreprise de sous-vêtements masculins découvre que 75 % de ses clients sont des femmes, cela prouve que les hommes délèguent l'achat de leurs sous-vêtements. Dans ce cas, visez la clientèle féminine et non masculine..

COMPRENDRE L'ACHAT DES CLIENTS

Trouvez les raisons qui poussent les clients à acheter et vous aurez découvert le secret de la vente. Identifiez ce qu'achètent vos clients, quand, pourquoi et s'il s'agit d'achats réguliers. Utilisez ensuite ces informations lors de vos prises de décisions marketing.

17 Attirez l'attention sur vos arguments de vente grâce à la publicité et au discours des vendeurs.

18 Assurez-vous de la bonne adéquation entre arguments de vente et critères d'achat.

IDENTIFIER LES ARGUMENTS DE VENTE

Un argument de vente est un facteur puissant que vous devez identifier en interne comme un élément d'aide à la vente. Pour déterminer vos principaux arguments de vente, vous devez comprendre ce qu'un client recherche quand il fait un achat, c'est-à-dire les facteurs qui influencent son achat. Pour réussir, les arguments de vente que vous mettez en avant doivent répondre à ces facteurs. Par exemple, vous pouvez décider que la mention « Fondé il y a un siècle » est un bon argument de vente car votre entreprise en est très fière. Mais dans les faits, les facteurs clés d'achat des clients peuvent être sensiblement différents.

◀ **ANALYSER L'ACHAT**
Dans un grand centre commercial où toutes les boutiques sont en concurrence, celles qui font des critères d'achat – des prix intéressants par exemple – leurs arguments de vente ont toutes les chances de réussir.

COMPRENDRE LE PROCESSUS D'ACHAT

ÉTAPES CLÉS	ACTION DU CLIENT
RECONNAISSANCE Prendre conscience d'un besoin.	Le futur client réalise la présence d'un besoin : plus d'espace à la maison, par exemple.
ÉVALUATION Rechercher tout ce qui est susceptible de satisfaire ce besoin.	Le client s'informe en lisant des brochures, des articles de presse et recherche des informations sur les prix, la résistance, etc.
NÉGOCIATION Approcher les fournisseurs de produits ou de services.	Quand il a fait son choix, le client demande des devis, s'intéresse aux différentes garanties, etc.
ACHAT Se décider pour la meilleure option.	La décision finale est prise : le client fait son achat.
RECOMMANDATION Recommander le produit ou le service à d'autres.	Le client évalue le produit et, s'il est satisfait, le recommande à ses amis, à ses collègues, etc.

SAVOIR S'ADAPTER

Si votre client est une entreprise, gardez à l'esprit que son processus d'achat sera tout à fait spécifique. Cela signifie que pour réussir à vendre à une entreprise, vous devez comprendre quel est son processus d'achat et adapter votre approche en conséquence. Posez-lui les questions suivantes :

- « Disposez-vous d'une liste de fournisseurs agréés ? Si oui, comment pouvons-nous figurer sur cette liste ? »
- « Faites-vous des appels d'offre ? Si oui, comment pouvons-nous en être informés ? »
- « Recherchez-vous toujours les meilleures offres ? »
- « Êtes-vous sensible aux recommandations ou travaillez-vous avec un réseau déjà constitué ? »
- « Faites-vous toujours appel au même fournisseur ? Envisagez-vous d'en changer ? »

Le temps passé à s'informer sur le processus d'achat des clients d'autres entreprises est du temps investi pour définir comment en faire de nouveaux clients pour vous.

QUESTIONS À SE POSER

Q Quelle est la régularité d'achat de nos clients ?

Q Quelle est la taille moyenne d'une transaction ?

Q Quelles sont les méthodes de paiement utilisées ?

Q Quels sont les clients les plus rentables ?

Q Quels sont les clients les moins rentables ?

19 Quand vous traitez avec une entreprise, traitez avec le décideur.

UTILISER LES ENQUÊTES

Définissez les raisons qui pourraient amener les clients à acheter vos produits ou vos services, et utilisez ensuite les techniques d'enquête pour confronter vos hypothèses aux faits. Demandez aux clients de classer par ordre d'importance les critères identifiés, et d'en ajouter s'ils l'estiment nécessaire. Ce peut être :

- Livraison rapide ou gratuite ;
- Prix compétitif ;
- Service après-vente excellent ;
- Échelonnement des paiements ;
- Personnel sympathique.

Les questionnaires à remplir soi-même sont un moyen rapide et économique de se renseigner.

20 Collectez régulièrement des informations sur l'achat.

21 Fixez une date limite pour encourager le retour des questionnaires.

TECHNIQUES D'ENQUÊTE

TECHNIQUE	UTILISATION EFFICACE
QUESTIONNAIRE PAR COURRIER Excellent moyen de toucher rapidement et à moindre coût un grand nombre de gens géographiquement bien répartis.	• Augmentez les taux de retour en incluant une enveloppe prétimbrée et utilisez un second mailing pour inciter ceux qui n'ont pas répondu. • Assurez-vous que vos questionnaires sont attrayants et faciles à compléter.
ENTRETIENS INDIVIDUELS Bien que prenant du temps, ils sont considérés comme le meilleur type d'enquête et possèdent le meilleur taux de réponse.	• Étudiez attentivement les options concernant les endroits où vous ferez vos entretiens : les sondages dans la rue serviront-ils mieux votre objectif que les entretiens en appartement ou encore au domicile ou au bureau de vos clients ?
PANEL DE CONSOMMATEURS Enquête auprès d'un groupe de vos clients présentant un fort intérêt pour votre entreprise et vos produits.	• Utilisez les panels de consommateurs comme une source inestimable pour tester les nouvelles idées. • Assurez-vous que les panels conservent leur objectivité : les clients doivent toujours se sentir comme tels, et non comme des employés.
RÉUNION DE GROUPE Petit groupe de discussion mené par un animateur pour découvrir les comportements, les motivations et les impressions sur la qualité.	• Assurez-vous que les membres du groupe sont représentatifs de votre clientèle et que l'animateur les encourage à maximiser leur apport. • N'oubliez pas que les réunions de groupe ne doivent pas être rigides.

Comprendre la Motivation

En fait, l'achat résulte de la combinaison de plusieurs facteurs de motivation et non d'un seul. Des facilités de paiement peuvent donner l'impression d'être le facteur déterminant, mais l'amabilité du personnel ou la disponibilité d'un produit peuvent également influencer la décision d'acheter votre produit plutôt qu'un autre. Il est essentiel de comprendre ce qui motive vos clients et de trouver des solutions pour construire votre activité sur ces bases.

LES FACTEURS ▶ DE MOTIVATION

Ces trois clients fréquentent le même bar à vins, bien que leurs raisons soient très différentes. Être capable d'identifier les principaux critères d'achat vous permettra d'avoir un marketing plus efficace.

Marc est un client régulier car ce bar sert une large gamme de vins de qualité.

Marie va dans ce bar car il est à deux minutes à pied de son bureau.

Aziz a choisi ce bar car on y trouve un grand espace non-fumeur.

Calculer la Valeur d'un Client

Utilisez une formule simple pour calculer de façon sommaire ce que vous rapporte un client régulier moyen pendant votre relation. Vous pouvez ensuite décider si vous devez traiter vos meilleurs clients de façon spéciale, en les invitant à certains événements, par exemple. Cet exemple montre que, bien que la dépense moyenne soit de 400 €, le client rapporte en fait à votre société environ 32 000 €.

A Valeur moyenne d'une vente (divisez le montant annuel des dépenses par le nombre d'achats) :	400 €
B Nombre d'achats fait chaque année par un client régulier :	4
C Nombre moyen d'années pendant lesquelles le client achète vos produits :	5
D Nombre moyen de recommandations qu'un client fait chaque année :	3
E Vente par client et par an (A x B) :	1 600 €
F Vente par client pendant toute sa période d'achat (E x C) :	8 000 €
G Ventes potentielles liées aux recommandations (F x D) :	24 000 €
Valeur globale d'un client (F + G) :	32 000€

CONSTRUIRE UNE RELATION

Vendre à des clients déjà conquis est bien plus simple et bien moins coûteux que d'en attirer de nouveaux. Utilisez le marketing pour entretenir la fidélité de vos clients grâce à un service et à des produits de qualité, soutenus par une relation forte, durable et gratifiante.

22 Examinez chaque aspect du service client et essayez de l'améliorer.

CONTRÔLER LA QUALITÉ DU SERVICE

Revoyez tous les aspects de vos habitudes de travail

↓

Mettez en place des standards mesurables afin que rien ne soit laissé au hasard

↓

Assurez-vous que le personnel est capable de répondre à ces standards

↓

Si nécessaire, fournissez un manuel de service clientèle à votre personnel

↓

Mesurez les résultats afin de contrôler que la qualité désirée est bien respectée

↓

Revoyez régulièrement vos standards pour améliorer continuellement votre service clientèle

OFFRIR UN SERVICE

Les clients d'aujourd'hui attendent un service de première classe. Pensez à ce que vous avez ressenti la dernière fois que vous avez été confronté à un service de mauvaise qualité. Déçu ? En colère ? Trompé ? C'est exactement ce que ressentent vos clients quand ils sont face à pareil traitement. Comparez avec ce que vous ressentez quand on vous offre un service de qualité. Souvenez-vous que les clients ne sont pas une gêne sur votre route et sur celle de votre travail, mais qu'ils sont votre travail. Sans eux, il n'y a plus d'affaires. Listez les domaines dans lesquels vous pensez pouvoir améliorer le service client. Observez la façon dont le personnel se comporte avec les clients, comment les commandes sont traitées, et comment la correspondance est gérée.

QUESTIONS À SE POSER

Q Répondons-nous au téléphone rapidement et de façon courtoise ?

Q Notre personnel est-il avenant, utile, sympathique et bien informé ?

Q Nos magasins sont-ils propres et confortables ?

Q Fournissons-nous un bon service après-vente ?

Q Quelle est la rapidité du passage des commandes ?

Q Pouvons-nous faire plus pour éliminer les erreurs dans le passage des commandes ?

COMBATTRE LES PLAINTES

Les plaintes doivent toujours être prises au sérieux. Certaines entreprises ont pu se rendre compte que les clients qui se plaignent et dont les réclamations sont prises en compte pour améliorer leur satisfaction deviennent des clients plus fidèles que ceux qui ne se sont jamais plaints. Il est donc très important de bien traiter les réclamations. Créez une procédure fiable et efficace, établissez des délais de réponse aux réclamations et ne laissez jamais les plaintes s'amonceler. Si vous êtes en tort, admettez-le, excusez-vous et, si nécessaire, offrez une compensation au client.

23 N'oubliez pas qu'un client existant est plus important qu'un client potentiel.

24 Demandez aux clients insatisfaits ce qui pourrait les convaincre de vous faire de nouveau confiance.

▼ FAIRE FACE AUX RÉCLAMATIONS

Ce schéma montre deux issues suivant la plainte d'un client. Quand le cas est mal traité, le client change de fournisseur et le fait savoir à son entourage. Quand l'entreprise réagit rapidement, le client sent que son avis est important. Un traitement juste et rapide vous aidera également à vous assurer la fidélité de votre clientèle.

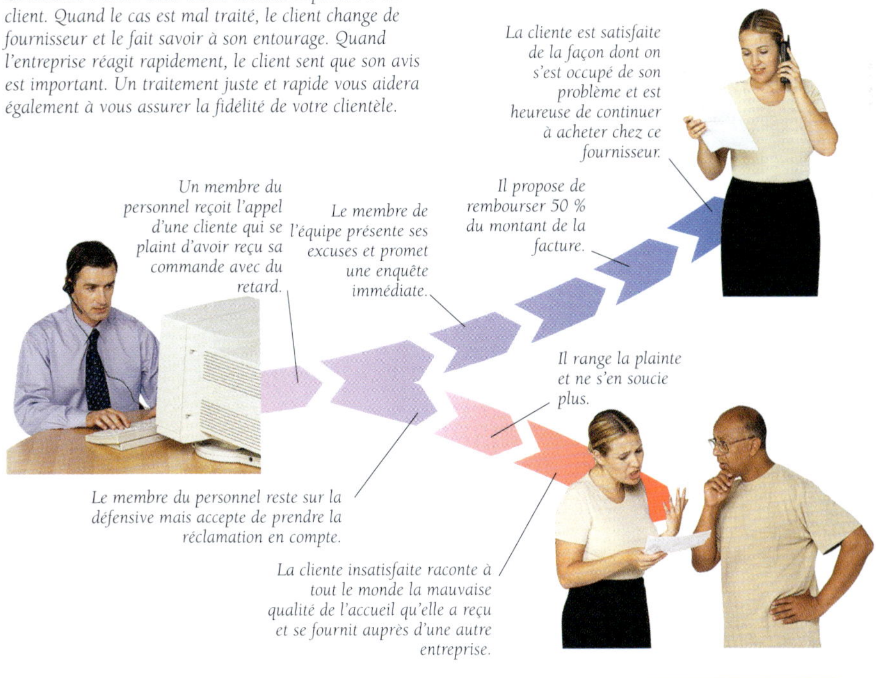

TENIR AU COURANT

Quand un client passe une commande, ce n'est pas la fin de l'achat, mais le début. Transformez cet acte d'achat exceptionnel en achat régulier en développant une véritable relation avec vos clients. Les relations ne survivent pas sans soutien. Elles demandent des efforts, et toute la responsabilité repose sur vous. Vos clients peuvent ne pas vouloir de relation. C'est à vous de prendre l'initiative, pas à eux. Trouvez des excuses pour vous rappeler au souvenir de vos clients. Rappelez-leur la date de renouvellement de leur contrat de maintenance, offrez-leur des mises à jour, invitez-les à des avant-premières exclusives, donnez-leur des réductions spéciales et assurez-vous qu'ils font partie des premiers au courant des nouveaux développements. Imaginez des raisons valables de communiquer et gardez ainsi les produits et les services de votre entreprise au premier plan dans leur esprit.

25 Maintenez de bonnes relations avec vos clients en restant toujours efficace et sympathique.

À FAIRE

1. Prévenez les clients des nouveautés et des développements.
2. Pensez à utiliser les e-mails.
3. Rendez visite à vos entreprises clientes après avoir vérifié que votre visite ne les dérange pas.
4. Imaginez de nouvelles façons de garder vos clients informés des offres et des événements spéciaux.

▼ UTILISER DES FICHES CLIENTS

Soutenez vos relations avec les clients en dressant une planification des contacts. Gardez une trace de tous les contacts de chaque action menée et des résultats.

FICHE DE CONTACT CLIENT

Nom du client : Marie Dupont, société Trepark

Date	Action	Effectué	Résultats
21 avril	Appeler pour vérifier que les nouveaux systèmes fonctionnent bien.	✔	Les systèmes fonctionnent. OK pour un déjeuner.
3 mai	Appeler pour fixer une date pour le déjeuner.	✔	Rencontre et discussion sur les nouveaux projets. Promis de leur envoyer des billets gratuits pour la prochaine exposition commerciale.
16 juillet	Envoyer des billets de faveur pour l'exposition commerciale.	✔	Marie est passée sur notre stand avec Pierre Durand qui travaille chez Davis. Avons ses coordonnées.
20 août	Envoyer un exemplaire de la newsletter client.	✔	

TESTER LA FORCE DES RELATIONS

Il y a deux questions permettant de tester la force des relations : le client est-il suffisamment satisfait et content pour devenir un client fidèle et pour nous recommander à d'autres ? Posez-les à vos clients. Utiliser un questionnaire ou effectuer des appels téléphoniques après-vente sont de bons moyens de recueillir des réponses honnêtes. Certaines entreprises font apparaître ces questions sur la garantie du produit. Si les clients prévoient de faire appel à une autre entreprise et ne sont pas très contents, découvrez pourquoi.

26 Remerciez les gens de leur fidélité en les valorisant. Une approche humaine peut faire toute la différence.

ENTRETENIR LA FIDÉLITÉ

Les clients ont besoin d'une raison pour être fidèles. Ils attendent plus que des produits ou des services excellents. Comment vos concurrents entretiennent-ils la fidélité de leurs clients ? Pouvez-vous mettre en place des moyens de montrer aux clients la valeur que vous leur accordez ? Les systèmes de fidélisation et de récompense ont fait leurs preuves dans de nombreuses entreprises. Offrez à vos clients une carte qui mentionne chaque achat chez vous. Après un certain nombre de transactions ou dès qu'un certain montant est atteint, ils peuvent bénéficier d'un traitement spécial ou de remises, recevoir des cadeaux ou avoir d'autres avantages. Sur un marché concurrentiel où les clients recherchent avant tout la meilleure offre, un coupon offrant une réduction sur le prochain achat peut convaincre le client d'acheter à nouveau.

▲ **FAIRE ÉVOLUER LES GENS SUR L'ÉCHELLE DE FIDÉLITÉ**
Un marketing efficace peut transformer un client moyen en un véritable défenseur de votre entreprise.

Conquérir de Nouveaux Clients

Les pertes de clients sont inévitables : les gens déménagent, changent de travail et, bien sûr, ils meurent. Les pertes peuvent être graduelles et faciles à oublier, mais leurs effets vont s'accumuler. Conservez une activité dynamique en trouvant de nouveaux clients plus rapidement que vous n'en perdez.

27 Envisagez la mise en place d'une offre de lancement spéciale pour les nouveaux clients.

28 Fournissez des primes pour vos équipes de vente afin de les aider à améliorer leurs résultats commerciaux.

Comprendre les Pertes de Clientèle

Il est inévitable que vous perdiez des clients, même si votre carnet de commandes est rempli. Mais les causes en sont-elles naturelles ou est-ce dû à une erreur de votre part ? Prenez contact avec d'anciens clients et posez-leur la question. Si les pertes sont dues à de mauvaises performances, remédiez-y. Si votre base de clientèle s'avère être constituée de personnes âgées, votre activité est obligatoirement sur le déclin. La seule façon d'y remédier est de trouver un nouveau marché. Remplacer les clients est une tâche essentielle.

Trouver de Nouveaux Débouchés

Il est vital de trouver des clients, puisque vous ne pouvez pas compter sur leur venue spontanée. Planifiez la façon dont vous allez conquérir de nouveaux marchés. Suivez tous les exemples et prenez contact avec les gens qui ont réalisé des enquêtes ou qui ont rassemblé des informations. Contactez d'anciens clients afin d'essayer de les reconquérir. Identifiez les clients potentiels et faites-vous connaître auprès d'eux. Approchez les clients de vos concurrents et faites-leur une offre qu'ils ne peuvent pas refuser. Revoyez votre stratégie publicitaire afin de définir s'il n'existe pas d'autres manières de toucher les clients potentiels.

Questions à se Poser

- Connaissons-nous le nombre de clients que nous perdons ?
- Connaissons-nous les raisons qui nous font perdre des clients ?
- Existe-t-il des raisons irrésistibles qui font que les clients nous restent fidèles ?
- Comment montrons-nous à nos clients que nous leur sommes reconnaissants de leur fidélité ?
- Pourrions-nous faire plus pour retenir nos clients ?

AUGMENTER VOTRE BASE CLIENTS

Il existe une technique utilisée par de très nombreuses entreprises afin de réussir dans le défi sans fin que représente la conquête de nouveaux clients : il s'agit du parrainage, le fait de trouver de nouveaux clients grâce à l'aide des clients existants. Essayez de convaincre chacun de vos clients existants de vous fournir au moins une piste utile. Vous pourrez ainsi doubler la taille de votre base clients, mais, bien entendu, les clients n'accepteront de participer que s'ils sont satisfaits de vos produits et de votre entreprise en général. Utilisez des primes en constante augmentation afin d'encourager les clients à vous fournir des pistes.

▼ TRANSFORMER SES CLIENTS EN UNE VÉRITABLE FORCE DE VENTE

Les clients satisfaits peuvent faire un travail aussi efficace que la meilleure équipe de vente, et pour un coût bien inférieur. Profitez de l'enthousiasme des clients satisfaits et demandez-leur de vous aider à passer le mot à leurs amis et à leur famille. Un coupon facile à remplir envoyé à vos clients réguliers peut vous permettre de contacter des prospects de qualité.

UTILISER LES PRIMES

Demandez à vos clients des détails sur leurs collègues/amis qui seraient susceptibles d'intégrer votre mailing-list

↓

Offrez-leur de petites primes, comme une inscription à une loterie, pour encourager vos clients à vous fournir des informations

↓

Envoyez un courrier aux prospects expliquant qu'ils ont été recommandés par un ami

↓

Si nécessaire, offrez à vos clients une prime plus conséquente, comme un cadeau gratuit, si l'un des prospects passe une commande

Précisez la prime dès l'en-tête.

Vous aurez sûrement envie de demander plus de détails à vos clients, mais n'oubliez pas que plus vous demanderez d'informations, moins vos clients seront enclins à vous répondre.

Précisez une date limite de réponse afin d'encourager les clients à répondre.

RECOMMANDEZ-NOUS ET PARTICIPEZ À NOTRE TIRAGE AU SORT.

En tant que client fidèle, vous connaissez et vous aimez nos produits. Ne gardez pas ce secret pour vous ! Si vous avez des amis ou de la famille susceptibles d'être intéressés par nos produits, laissez-nous leurs coordonnées et nous leur enverrons gratuitement un exemplaire de notre dernier catalogue. En remerciement, nous vous inscrirons pour notre tirage au sort grâce auquel vous serez peut-être l'heureux gagnant d'une caisse de champagne. Et si votre ami nous passe une commande, nous vous enverrons également une BOITE DE CHOCOLATS pour vous remercier.

Votre nom et votre adresse :

Nom et adresse de votre ami :

Pour participer au tirage au sort, merci de nous retourner cette carte avant le 30 mars grâce à l'enveloppe prétimbrée ci-jointe à l'adresse suivante : Trads SA, 4 rue du pont, 75014 Paris.

Proposez-leur des primes dont la valeur est de plus en plus importante : une petite prime pour les informations et une plus importante si le prospect passe une commande.

Augmentez les taux de réponse de vos clients en utilisant, par exemple, des enveloppes prétimbrées.

Précisez votre adresse sur le coupon au cas où l'enveloppe pré-timbrée se perdrait.

CRÉER DES PRODUITS FORTS

Des produits de qualité, soutenus par une marque forte, sont des éléments essentiels au succès. Pour garder vos clients et rester en avance sur vos concurrents, vous devez développer des produits de première classe et améliorer ceux qui existent.

AMÉLIORER LES PRODUITS

Les produits ont des cycles de vie différents : certains vieillissent et meurent, alors que d'autres n'ont besoin que de se transformer pour rester à la mode. Modifiez ou améliorez les produits, mettez-les en valeur, changez le packaging ou modifiez le positionnement pour être sûr qu'ils plaisent au marché actuel.

29 Tenez vos anciens clients au courant des améliorations de vos produits.

30 Utilisez des coupons-réponses pour récupérer des informations utiles.

31 Utilisez les réactions des clients comme un outil marketing de grande valeur.

METTRE LES PRODUITS EN VALEUR

Avant de développer de nouveaux produits, commencez par regarder votre gamme existante. Il est important d'éviter de créer de nouveaux produits aux dépens de ceux qui existent. Pour connaître les meilleures façons d'améliorer vos produits, consultez les experts : vos clients. Rassemblez leurs opinions et leurs suggestions par tous les moyens existants. Vous pourrez ainsi réaliser de vraies améliorations basées sur leurs attentes. Gardez vos produits actuels en créant de nouvelles variantes, des éditions limitées, des produits complémentaires et des versions améliorées.

32 Recherchez continuellement les façons d'améliorer vos produits.

33 Remerciez toujours vos clients pour leurs remarques, même si elles sont négatives

PROMOUVOIR LES AMÉLIORATIONS DES PRODUITS

À chaque nouvelle amélioration d'un produit, vous devez informer vos clients. Vous pouvez utiliser cela comme une excuse pour leur écrire, leur téléphoner ou leur rendre visite. Assurez-vous que vos publicités mentionnent les améliorations et utilisez le packaging des produits pour attirer l'attention dessus. Vous pouvez également mettre les améliorations en valeur sur votre matériel publicitaire. Briefez vos équipes de vente afin qu'elles soient capables d'en faire la promotion. S'il y a un aspect nouveauté, préparez un communiqué de presse pour bénéficier d'une bonne couverture par les médias.

APPRENDRE DE VOS CONCURRENTS

Étudiez vos concurrents ; vous vous rendrez compte que certaines de leurs idées ou techniques valent la peine d'être copiées ou adaptées. Renseignez-vous sur toutes les améliorations qu'ils apportent à leurs produits ou services. Procurez-vous leur matériel publicitaire. Appelez leur central téléphonique. Lisez leurs publicités. Appelez certains de leurs magasins. Examinez également les entreprises d'autres secteurs. N'y a-t-il rien qu'elles puissent vous enseigner ? Parmi leurs bonnes idées, lesquelles peuvent être reprises ou adaptées ? Recherchez les idées que vous pouvez adopter, adapter, suivre ou voler. Essayez d'améliorer vos produits en prenant le meilleur de chacun et en incorporant ces idées pour créer un produit imbattable.

▼ **CONTRÔLER LES PRODUITS CONCURRENTS**

Faire des recherches sur Internet est une bonne façon de comparer ses produits à ceux des concurrents. Assurez-vous de vérifier l'offre de la concurrence régulièrement.

Le manager regarde les catalogues des concurrents.

Un collègue vérifie les sites web des concurrents.

Différencier ses Produits

Peu de produits sont uniques. Le challenge réside souvent dans la possibilité de trouver un moyen de différencier ses produits de ceux d'un concurrent. Utilisez une combinaison de techniques pour acquérir un avantage sur la concurrence.

34 Revoyez les processus de votre entreprise pour les recentrer sur le client.

35 Demandez aux clients quel est votre principal avantage.

36 Identifier ce que vous offrez et qu'on ne peut pas trouver chez vos concurrents.

Comprendre ses Avantages

Quand vos produits sont meilleurs que ceux de vos concurrents et que les clients reconnaissent cette supériorité, vous bénéficiez d'un réel avantage. Peu d'entreprises sont dans cette situation. La plupart trouvent peu ou pas de critères de différenciation entre leurs produits et les autres. Pour gagner des avantages concurrentiels, sachez reconnaître les éléments auxquels les clients attribuent de la valeur.

Reconnaître ce qui est Important

Ce sont souvent les plus petites choses qui comptent. Les clients peuvent choisir votre produit plutôt que celui d'un concurrent simplement parce qu'ils préfèrent votre packaging ou parce que vous leur offrez un café pendant qu'ils attendent. Faites attention aux détails qui peuvent faire la différence. Une approche sincère centrée sur le client vous différenciera de vos concurrents. Montrez votre engagement à vos clients et assurez-vous que votre personnel est énergique, centrez votre attention sur le client.

Questions à se Poser

Q Pourquoi les clients devraient-ils acheter nos produits plutôt que ceux des concurrents ?

Q Qu'est-ce qui nous différencie de nos concurrents ?

Q En quoi sommes-nous meilleurs que nos concurrents ?

Q Quelles sont les forces existantes sur lesquelles nous pouvons capitaliser ?

VALEUR AJOUTÉE

Quand votre produit ne montre pas de différence évidente avec ceux de la concurrence, développez vos forces en tant qu'entreprise pour trouver votre avantage concurrentiel. Une combinaison des éléments suivants peut vous différencier de vos concurrents :

- livraison gratuite ou en 24h ;
- produits disponibles immédiatement ;
- essai gratuit ;
- démonstration du produit à domicile ;
- choix des conditions de paiement/crédit gratuit ;
- parking gratuit ;
- service personnalisé par du personnel compétent ;
- meilleure garantie ;
- bon service après-vente/réparation à domicile ;
- hot line gratuite.

37 Gagnez un avantage sur vos concurrents en atteignant une satisfaction totale des clients.

IDENTIFIER LES AVANTAGES CONCURRENTIELS

Même un produit que l'on ne peut distinguer des autres peut prétendre à un caractère unique et vous pourrez toujours trouver un avantage concurrentiel. Vous êtes peut-être la seule entreprise locale à fournir ce genre de produits ou la première à l'avoir fait. Vous pouvez être la plus récente, la plus proche ou la plus importante. Vous pouvez être les plus expérimentés, la seule société familiale ou la plus ancienne. Examinez votre entreprise pour découvrir votre caractéristique unique. Vérifiez qu'aucun de vos concurrents ne présente de caractéristique similaire. Même une faiblesse peut être transformée en force. Être le plus petit, par exemple, peut être un avantage concurrentiel : cela vous permet d'offrir un service plus personnalisé, plus flexible.

ÉTUDE DE CAS

Vanessa et Suzanne ont ouvert deux boutiques de fleurs situées dans la même rue. Les deux fleuristes se sont fait concurrence pour toucher les mêmes clients et, leurs stocks et leurs prix étant toujours similaires, il n'y avait aucune raison pour les clients de choisir une boutique plutôt que l'autre. À la recherche d'une idée pour accroître son activité, Vanessa a eu l'idée de créer un service des bouquets spéciaux, coordonnés avec les couleurs de l'intérieur de ses clients. Il n'était pas plus coûteux pour Vanessa d'offrir ce nouveau service, et les clients n'ont pas eu à payer plus pour en profiter, ce qui a permis à Vanessa d'acquérir l'avantage concurrentiel qu'elle cherchait. Les clients en ont été ravis et sont donc retournés chez Vanessa plutôt que chez sa concurrente. Il y a un an, la boutique de Suzanne a fermé, améliorant encore le commerce de Vanessa.

◄ **CRÉER UN AVANTAGE**
En différenciant sa société de celle de son plus proche concurrent, Vanessa a réussi à rendre sa boutique de fleurs encore plus rentable. Son idée était simple mais ingénieuse : ajouter de la valeur pour les clients sans augmenter les coûts. La créativité est gratuite, mais il peut en résulter des gains commerciaux significatifs.

OFFRIR DES PRIMES

Même si votre produit n'a pas de caractéristique unique, vous pouvez construire un avantage concurrentiel. Demandez-vous : « Pourquoi un client nous choisirait-il plutôt que l'un de nos concurrents ? » Si vous ne pouvez pas trouver au moins une raison irrésistible, envisagez l'utilisation de primes. Elles peuvent encourager les clients à choisir vos produits plutôt que ceux d'un concurrent. Assurez-vous de bien calculer les coûts et les bénéfices avant de choisir cette voie. Si vous offrez une prime coûteuse, vous ou votre client finirez par en payer le prix. Choisissez une prime pertinente, comme une cravate gratuite pour l'achat d'un costume ou l'entretien gratuit pour un photocopieur acheté.

COMPRENDRE LE PROCESSUS D'ACHAT

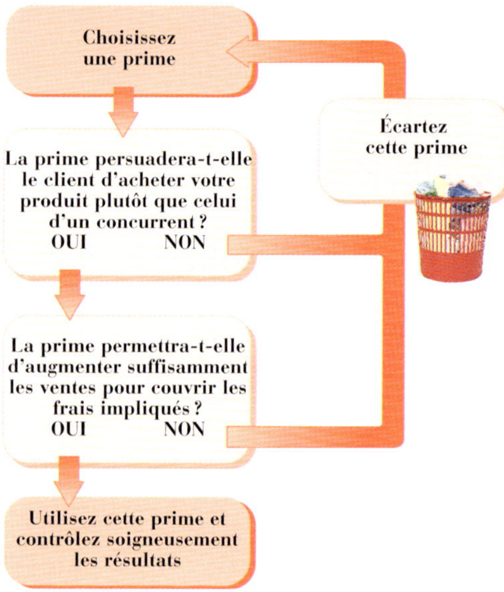

38 Choisissez une prime qui améliorera votre réputation ; des cadeaux de mauvais goût pourraient ternir votre image.

RECHERCHER LES MENTIONS SPÉCIALES

Les mentions spéciales peuvent être de puissants éléments de persuasion incitant les clients à choisir les produits proposés. Qui peut résister à une casserole recommandée par les plus grands chefs ? Ou à l'ordinateur choisi par les informaticiens ? Ou encore au lieu de vacances préféré des agents de voyage ? Les clients aiment la sécurité que les mentions spéciales apportent.

DIFFÉRENCES CULTURELLES

Avant d'utiliser mentions spéciales et recommandations pour différencier vos produits, vérifiez les directives ou la législation en vigueur. En Grande-Bretagne, par exemple, le Conseil de la publicité a fixé des règles strictes pour l'utilisation des mentions spéciales et des recommandations. Aux États-Unis, les règles de la publicité sont régies par la loi, tout comme en France, où ces règles sont régies par le code de la consommation.

UTILISER LES RECOMMANDATIONS

Les recommandations servent exactement le même dessein que les mentions spéciales, mais la différence entre ces deux techniques est que la recommandation mentionne le nom d'une personne qui a utilisé le produit et veut le recommander. Les gens célèbres, les professionnels reconnus et les experts ou même de simples inconnus peuvent servir de caution. Les recommandations reproduites dans une publicité comme écrites à la main se révèlent plus persuasives et crédibles que celles tapées à la machine. Obtenez toujours un consentement écrit avant d'utiliser une recommandation, et assurez-vous que les idées exprimées peuvent être soutenues par d'autres témoignages.

39 Assurez-vous que les idées exprimées dans les recommandations sont fondées.

40 Choisissez une prime cohérente vis-à-vis du produit.

41 Briefez vos vendeurs pour qu'ils soulignent les avantages du produit.

ÉVALUER CARACTÉRISTIQUES ET AVANTAGES

En règle générale, les clients ne regardent pas les caractéristiques d'un produit ; ils veulent voir les avantages. Considérez les caractéristiques comme un moyen de créer des avantages. Listez les caractéristiques de chacun de vos produits et ajoutez ensuite les avantages que les clients peuvent en tirer. Vérifiez que tout votre matériel publicitaire souligne ces derniers.

COMPARER CARACTÉRISTIQUES ET AVANTAGES

CARACTÉRISTIQUES	AVANTAGES
« Utilise une puce dernière technologie. »	« Plus de réglages à faire, il le fait à votre place. »
« Lecteur d'humidité intégré. »	« Vous ne laisserez plus jamais brûler vos toasts. »
« Alerte sonore dès la fin du cycle. »	« Le bip vous permet de savoir quand le toast est prêt. »

DÉVELOPPER UNE MARQUE

Des produits forts, reconnus, offrent aux entreprises un avantage concurrentiel certain. Utilisez le pouvoir de la marque pour donner à vos produits une personnalité et du sens, ce qui leur permettra d'acquérir une position très importante sur le marché.

42 Créez une confiance dans votre marque et vos clients vous seront fidèles.

NOMMER LES PRODUITS

Un bon nom aide à vendre. Il donne de l'individualité et de la personnalité, ce qui permet aux clients de reconnaître les produits et de s'y identifier. Choisissez des noms qui rehaussent l'image de votre société, appropriés aux produits et à leur positionnement sur le marché. Vérifiez la disponibilité des noms et déposez-les pour qu'ils ne soient pas utilisés par d'autres. Si vous évoluez sur un marché international, assurez-vous que le nom peut être prononcé facilement dans d'autres langues ou que la traduction de ce mot n'a pas de connotation négative ou indécente. Trouvez un nom court facile à épeler et à mémoriser. Des règles strictes régissent le choix des noms des entreprises : vous devez donc faire les démarches nécessaires auprès des organismes compétents.

▼ TESTER SON NOM

Présentez une liste de noms à des clients cibles et demandez-leur les images qu'évoque pour eux chacun de ces noms. Servez-vous de leurs réactions pour sélectionner le nom qui a suscité les associations les plus positives.

Une cliente étrangère se demande si ces noms vont être appropriés dans son pays.

Une cliente rejette deux noms car ils ont des connotations négatives dans sa région.

Le client cible donne son avis sur l'attrait de chacun des noms de produit proposés.

COMPARER LES ATTRIBUTS DE MARQUES

ATTRIBUTS DES SERVICES

- Sympathie
- Créativité
- Courtoisie
- Serviabilité
- Compétence

ATTRIBUTS DES PRODUITS

- Durabilité
- Fiabilité
- Utilité
- Bon rapport qualité/prix
- Valeur esthétique

43 Étendez la gestion de la marque à toute votre gamme de produits.

AMÉNAGER LE POUVOIR DE LA MARQUE

L'utilisation de la marque est un moyen efficace de différencier ses produits de ceux de la concurrence. La gestion de la marque consiste à développer des attributs uniques afin que ses produits soient immédiatement reconnaissables et évoquent des images positives. Choisissez les noms de votre entreprise et de vos produits, vos couleurs, votre logo, votre packaging et vos activités promotionnelles de façon à construire et à véhiculer la personnalité de votre marque. La vision de l'un de vos produits doit instantanément évoquer chez le client les valeurs de votre marque.

Le manager interroge des clients sélectionnés sur les nouveaux noms de produit.

44 Une marque forte n'est pas un substitut à la qualité, mais une façon de la mettre en valeur.

45 Recherchez les occasions de renforcer votre identité visuelle.

46 Apposez votre logo sur tous les documents écrits que vous envoyez.

PROMOUVOIR UNE IDENTITÉ VISUELLE

La création d'une identité visuelle est un élément vital de la gestion de la marque. Présentez une image forte, immédiatement reconnaissable, individuelle, considérée comme positive par vos clients, et saisissez toutes les occasions de renforcer votre identité visuelle. Imaginez un logo et des couleurs distinctifs, et utilisez-les sur vos fournitures de bureau, sur le matériel d'emballage et sur les véhicules de livraison. Pensez à intégrer la gestion de la marque à la conception et à l'agencement de vos locaux. Les grandes chaînes d'hôtels, par exemple, renforcent leur identité visuelle par l'utilisation d'uniformes, de tapis, de tissus d'ameublement et de serviettes aux couleurs coordonnées. Elles ont également des serviettes de table, des dessous de verres, de la vaisselle et des couverts portant leur logo.

▲ **CRÉER UNE IDENTITÉ FORTE**
Utiliser des couleurs et des logos distinctifs sur les véhicules de votre entreprise vous aidera à construire une identité forte. Cela permet de s'assurer qu'une entreprise est facilement distinguable de ses concurrents.

POINTS À RETENIR

- Le logo constitue une part essentielle de votre identité visuelle et doit transmettre quelque chose sur votre entreprise.
- Il doit résumer votre mission ou votre activité.
- Le logo peut être typographique ou plus conceptuel.
- Les couleurs du logo deviendront celles de votre entreprise.

47 Soyez conscient que les couleurs peuvent avoir des connotations culturelles ou politiques.

48 Réduisez au maximum les couleurs afin de minimiser les coûts d'impression.

49 Vérifiez que tous les aspects du comportement de votre entreprise reflètent les valeurs de la marque.

CRÉER UNE IDENTITÉ VISUELLE

Si votre entreprise ne dispose pas d'une identité visuelle forte ou si elle souffre d'une image démodée, donnez un aperçu complet sur les valeurs de votre marque et sur votre positionnement à un concepteur graphique et demandez-lui de vous proposer plusieurs idées. Précisez-lui où vous avez l'intention d'utiliser votre nouvelle identité visuelle : sur des véhicules, sur la devanture de vos magasins ? Demandez à voir les différentes propositions sous forme de maquettes : packaging de produits, fournitures de bureau, etc. Testez les propositions retenues sur un petit groupe de personnes en contact avec votre entreprise : clients et/ou fournisseurs. Relevez les associations qu'elles suscitent. Prenez le temps de développer votre nouvelle identité visuelle : vous devrez vivre avec pendant de nombreuses années.

CONSERVER LES VALEURS DE LA MARQUE

Après avoir établi votre marque, vous devez travailler pour qu'elle conserve ses valeurs positives. Utilisez les brevets, les marques déposées, les droits sur les images ou tout autre système pour protéger votre marque et empêcher les autres de profiter de son succès. Créer une marque à succès peut prendre des années alors qu'il suffit de quelques secondes pour la détruire. Les marques, comme les produits, peuvent se démoder. Si c'est nécessaire, ayez de temps en temps recours à de légers repositionnements de la marque. Vous pouvez également opter pour un repositionnement d'envergure : utilisez alors largement les médias pour promouvoir votre nouvelle image.

▼ **GAGNER DE LA RECONNAISSANCE**
Les marques à succès ont une identité visuelle forte, instantanément reconnaissable, même dans une langue étrangère. La plupart du temps les entreprises peuvent faire payer plus cher pour une marque à succès car les clients se sentent, même si c'est inconscient, plus confiants dans la valeur du produit.

ATTEINDRE LA CROISSANCE GRÂCE AUX PRODUITS

Vendre plus est la stratégie la plus efficace pour vous assurer une réelle augmentation de la rentabilité. De cette manière, vous pourrez atteindre la croissance en améliorant votre position sur les marchés existants, en trouvant de nouveaux marchés, en développant de nouveaux produits ou en vous diversifiant.

50 Utilisez Internet comme un outil pour toucher les marchés internationaux.

51 Préparez-vous à une restructuration afin de pouvoir croître.

52 Utilisez des produits complémentaires pour élargir votre gamme de produits.

PÉNÉTRER LE MARCHÉ

Acquérir une large part du marché est l'une des solutions pour assurer la croissance ; c'est un moyen sûr d'améliorer ses résultats. La sécurité réside dans le fait que vous traitez avec deux entités connues : votre offre, c'est-à-dire vos produits, et le marché. Vous avez déjà passé du temps à connaître ce marché et à définir vos produits pour qu'ils répondent aux besoins des clients, par conséquent vous n'avez pas besoin d'investir dans de nouvelles études ou dans le développement de nouveaux produits. Votre but est simplement de prendre contact avec les consommateurs potentiels que vous n'avez pas touchés auparavant.

DÉVELOPPER LE MARCHÉ

Le développement du marché implique de trouver de nouveaux marchés pour les produits existants. Établissez une liste des nouveaux marchés potentiels. Renseignez-vous pour savoir s'ils pourraient être intéressés par votre offre. Quelques modifications des produits peuvent être nécessaires si vous voulez plaire sur votre nouveau marché, mais n'oubliez pas que vous ne travaillez pas sur des produits nouveaux. Enfin, planifiez la façon dont vous voulez toucher vos nouveaux marchés.

POINTS À RETENIR

- Il est possible d'augmenter les ventes en améliorant la valeur des produits.
- Vous pouvez combiner le développement des produits avec la pénétration de nouveaux marchés.
- Développer de nouveaux produits qui seront vendus en même temps que vos produits existants peut être une bonne idée.

METTRE EN PLACE DES STRATÉGIES DE CROISSANCE

STRATÉGIE DE CROISSANCE	MISE EN ŒUVRE
PÉNÉTRATION DE MARCHÉ Améliorer votre part de marché en touchant de nouveaux clients potentiels.	• Utilisez la publicité de masse ou les campagnes de marketing direct pour toucher de nouveaux clients. • Concentrez-vous sur les meilleurs clients de vos concurrents.
DÉVELOPPEMENT DE MARCHÉ Identifier de nouveaux marchés et y entrer afin d'augmenter les ventes de produits existants.	• Utilisez une publicité ciblée, des courriers et Internet. • Envisagez une restructuration interne ou modifiez vos produits.
DÉVELOPPEMENT DE PRODUITS Introduire des nouvelles lignes ou des produits complémentaires.	• Cherchez des idées de nouveaux produits et examinez ceux de vos meilleurs concurrents. • Vérifiez que votre marché n'est pas déjà saturé.
DIVERSIFICATION Développer de nouveaux produits destinés à de nouveaux marchés.	• Appliquez à une nouvelle activité les mêmes règles qu'aux entreprises qui veulent se diversifier. • Si vous vous diversifiez, vous devrez développer une stratégie marketing séparée.

CRÉER DE NOUVEAUX PRODUITS

Pour atteindre la croissance tout en maintenant un risque minimum, vous pouvez choisir d'introduire de nouvelles lignes de produits sur votre marché. Un fabricant de rideaux, par exemple, peut proposer des ensembles de linge de lit coordonnés à sa gamme de rideaux. Les clients achèteront souvent un produit existant (téléphone mobile) et un produit nouveau (façade de couleur) dans la même transaction.

53 Demandez aux clients quels sont les nouveaux produits qu'ils aimeraient voir sur le marché.

SE DIVERSIFIER

La stratégie de croissance la plus risquée – la diversification – implique le développement de produits totalement nouveaux qui seront vendus sur de nouveaux marchés, ce qui représente un réel voyage dans l'inconnu. Ce n'est généralement pas le premier choix pour relancer les bénéfices, mais ça peut être – et ça a déjà été – un bon choix. Toutefois, pensez à explorer les autres alternatives avant de vous lancer.

54 Assurez-vous d'explorer toutes les possibilités avant de vous risquer dans la diversification.

MAXIMALISER LA PUBLICITÉ

Pour acheter vos produits, les clients doivent savoir ce que vous avez à vendre. C'est pourquoi la promotion est une part essentielle du marketing mix. Apprenez à utiliser la publicité pour relancer les ventes et les profits.

PRÉPARER UNE CAMPAGNE

Une campagne de publicité réussie peut conduire à une image mise en valeur, à une augmentation des ventes et à une rentabilité accrue. Avant de lancer une campagne, planifiez exactement ce à quoi vous voulez arriver afin de choisir la meilleure méthode pour atteindre vos objectifs.

55 Offrez des petits cadeaux à votre marque pour rester présent dans l'esprit des clients.

56 Utilisez les annuaires et les almanachs comme des outils publicitaires.

57 Utilisez les lancements et les avant-premières pour toucher des clients.

FIXER DES OBJECTIFS

La première étape d'une campagne publicitaire est de définir le résultat que vous désirez atteindre et de fixer ensuite un ou plusieurs objectifs clairs, spécifiques, mesurables et définis dans le temps afin de l'atteindre. Évitez les idées vagues, comme « obtenir plus de commandes », soyez explicite : « obtenir au moins 1 million de francs de commandes d'ici à quatre semaines » ou « obtenir 5000 contacts afin de générer 1000 ventes d'ici à deux mois ». Ce n'est qu'en fixant des objectifs mesurables que vous pourrez identifier ce qui fonctionne et ce qui ne fonctionne pas. Cela vous permettra de concentrer votre budget publicitaire sur les opérations qui produiront les meilleurs résultats.

ÉVALUER LES MÉTHODES CLÉS

Les méthodes les plus à la mode pour se faire connaître sont la publicité dans la presse, à la radio et sur Internet, ainsi que les courriers publicitaires. Pour choisir quelle méthode utiliser, vous devez garder à l'esprit les éléments suivants :

- Les publicités dans la presse permettent un bon ciblage car la plupart des publications ont des profils de lecteurs très détaillés.
- Les publicités à la radio ont un bon impact mais sont éphémères.
- Les courriers publicitaires sont très efficaces, surtout quand ils sont bien ciblés, malgré une image moyennement bonne.
- Internet, secteur en peine croissance, représente un énorme potentiel pour la publicité.

ORGANISER UNE CAMPAGNE EFFICACE

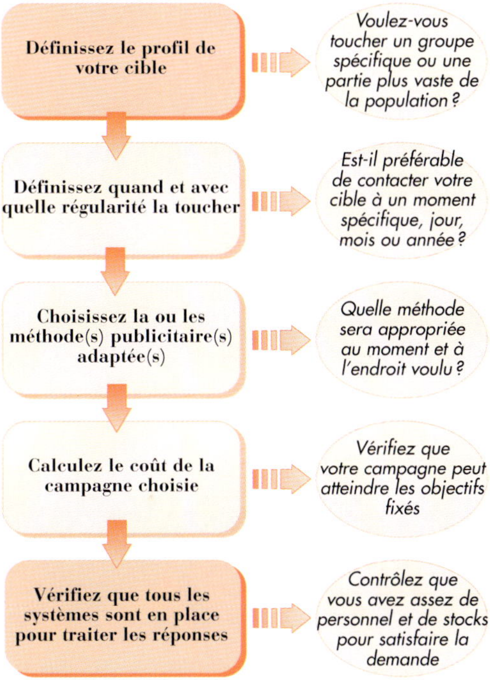

COMBINER LES MÉTHODES

Le meilleur moyen d'obtenir de bons résultats publicitaires est d'organiser une campagne intégrée combinant plusieurs méthodes. Cela permet une pénétration optimale du marché : une technique consolide le résultat obtenu par une autre. Un fabricant de logiciels visant les start-up, par exemple, pourrait faire passer dans la presse nationale un coupon-réponse publicitaire proposant un pack de logiciels gratuits aux start-up. Cette méthode permettra de récolter les noms et les adresses de clients cibles à qui la société pourra envoyer un courrier publicitaire en même temps que les packs offerts.

POINTS À RETENIR

- Vérifiez que chaque idée présente sur votre matériel publicitaire peut être justifiée.
- Évitez de faire des promesses fausses ou exagérées.
- Assurez-vous que la publicité est à la fois claire et précise.
- Assurez-vous que la publicité n'induit pas en erreur ou ne donne pas délibérément de mauvaise impression.

TIRER LE MEILLEUR PARTI DE LA PUBLICITÉ

La publicité est une activité promotionnelle persuasive qui utilise les médias et les autres canaux de publicité, comme Internet. Utilisez-la pour mettre en valeur les offres spéciales, les ventes et les événements spéciaux ; pour promouvoir de nouveaux produits et services ; pour annoncer des changements de prix, d'heures d'ouverture ou des modifications de produits ; pour inviter à participer à des enquêtes et pour trouver de nouveaux clients. Avant tout, utilisez-la pour vendre. Les publicités à réponse directe vous rapprocheront de vos clients.

58 Assurez-vous que le personnel sait quelles publicités paraissent et où.

CALCULER LES COÛTS

Utilisez une formule simple pour contrôler les résultats de la campagne publicitaire. Quand vous calculez le coût total de votre campagne, pensez à inclure tous les éléments et pas seulement le coût de l'achat d'espace ou de la durée du spot. Si les ventes prévues dépassent le point mort (C), le succès est probable. Incluez toujours une marge d'erreur : les taux de réponses sont une probabilité, pas une garantie.

(A) Coût total de la campagne	1 500 €
(B) Profit/vente	30 €
(C) Nombre de ventes nécessaires pour atteindre le point mort (A)/(B)	50
(D) Nombre de courriers ou statistiques d'audimat	5000
(E) Taux de réponses attendues (basé sur les chiffres fournis par le titre de presse/la station de radio)	80
PRÉVISIONS DE VENTES	62,5

DÉFINIR LES ÉTAPES CLÉS POUR UNE PUBLICITÉ EFFICACE

ÉTAPES CLÉS	COMMENT LES METTRE EN ŒUVRE
SAISIR L'ATTENTION	Utilisez un design original, un titre frappant, des couleurs fortes, des photographies puissantes… tout pour être vu.
CONSERVER L'INTÉRÊT	Imaginez une proposition attrayante et persuasive qui saura attirer et garder l'attention des clients potentiels.
STIMULER LE DÉSIR	Rendez votre offre irrésistible : soulignez son intérêt et exposez ses avantages (facilités de paiement, livraison rapide).
CONVAINCRE LES CLIENTS	Persuadez les clients qu'ils ont besoin de ce que vous vendez en leur donnant des raisons qui sauront les convaincre.
POUSSER À L'ACTION	Utilisez des mots tels que « offre limitée dans le temps », des coupons-réponses, un numéro Vert, le paiement par carte de crédit.

AVOIR RECOURS AUX EXPERTS

Si vous prévoyez une campagne d'envergure ou si vous avez l'intention de vous lancer sur un secteur spécialisé, comme la publicité à la TV ou au cinéma, vous devez envisager de faire appel à des experts. Si vous prévoyez de dépenser beaucoup pour cette campagne, vous avez tout intérêt à faire appel à une agence de publicité. Les agences touchent une commission pour l'achat d'espace média ou de temps d'écoute, et cela peut couvrir les coûts de conception et comptables. Cela signifie que vous pouvez tirer parti de leurs services pour un coût très réduit. Contactez quelques agences de publicité et renseignez-vous sur leurs honoraires.

LÉGISLATION

Des règles strictes régissent la publicité, en France et en Grande-Bretagne, aux États-Unis. En Grande-Bretagne, par exemple, près de 150 textes gouvernent les transactions publicitaires : protection des données, promesses publicitaires, descriptions commerciales, protection et sécurité des consommateurs, et une foule d'autres problèmes. Si vous transgressez ces règles, vous n'aurez pas seulement à payer une amende, vous subirez aussi une dégradation de votre réputation auprès des clients.

59 Recherchez une entreprise capable de traiter le travail supplémentaire à votre place.

SE PRÉPARER À RÉPONDRE

Soyez prêt à répondre aux retours de votre campagne en vous assurant que vous disposez d'assez de moyens pour satisfaire les demandes. Vérifiez que vous avez suffisamment de stocks, de packaging, de catalogues ou de packs d'information. Les annulations donneraient une mauvaise image de vous et pourraient vous faire perdre des clients. Si vous ne pouvez pas assurer d'importants moyens de réponse, échelonnez votre campagne. Ciblez un secteur géographique ou un groupe de consommateurs, répondez aux commandes et passez ensuite à l'étape publicitaire suivante. Vous pouvez aussi faire appel à une entreprise spécialisée pour s'occuper du travail supplémentaire à votre place.

◄ **ÊTRE PRÉPARÉ**

Soyez prêts à répondre aux nombreuses réponses des clients induites par votre campagne. Si nécessaire, embauchez du personnel pour répondre au téléphone et assurez-vous qu'il est bien au courant.

FAIRE PASSER UN ENCART DANS LA PRESSE

Un encart dans la presse est le moyen le moins coûteux de toucher un public large. Il offre également la meilleure efficacité dans les taux de réponse. Choisissez le bon titre de presse et négociez le meilleur tarif.

60 Gardez à l'esprit que les espaces entre les paragraphes augmenteront la lisibilité.

61 Évitez les écritures trop petites, elles sont difficiles à lire.

62 Exprimez votre idée ou votre proposition aussi clairement que possible.

DEMANDER DES PACKS MÉDIA

Établissez une liste des différents titres de presse dans lesquels vous pourriez faire passer une publicité et demandez à chacun de vous faire parvenir un pack média contenant les tarifs publicitaires ainsi que des informations sur le profil de leur lectorat et des détails sur le tirage. Choisissez le titre en fonction de votre produit et de votre cible. Les détails et les dates des reportages spéciaux contenus dans le pack vous aideront à décider le meilleur moment pour faire passer votre publicité. Le pack vous donnera les dates limites d'envoi de votre publicité ainsi que les données techniques concernant votre création.

NÉGOCIER LE MEILLEUR PRIX

N'acceptez jamais de payer le premier prix proposé pour un espace publicitaire sans avoir auparavant essayé de le négocier à la baisse. Il est presque toujours possible d'obtenir une réduction. Différents facteurs affectent le coût, comme la période de l'année, la demande, la taille ou la position de votre encart, le tirage du titre, et le fait que la publicité soit en noir et blanc ou en couleurs. Si la demande d'espace est faible, les remises sont généralement faciles à obtenir. Même si vous n'obtenez pas de réduction, essayez de négocier un encart plus grand au même prix, un second encart à moitié prix ou une meilleure place. Vous trouverez toujours un arrangement.

QUESTIONS À SE POSER

Q Quel résultat attendons-nous de notre publicité ?

Q Qui voulons-nous toucher et que voulons-nous leur dire ?

Q Quels titres sont lus par nos clients cibles ?

Q Combien de fois devons-nous faire passer notre encart pour que notre message soit efficace ?

Q Quelle doit être la taille de notre encart ?

UTILISER LE BON TITRE DE PRESSE

TYPE DE PUBLICATION	AVANTAGES ET INCONVÉNIENTS
JOURNAUX LOCAUX GRATUITS Généralement hebdomadaires, ils présentent des articles sur la vie locale et sont gratuits.	• La publicité est leur seul revenu, donc votre encart sera peut-être noyé au milieu de nombreux autres. • Y faire passer une publicité est peu coûteux, et il est plus facile d'obtenir des encarts perfectionnés.
JOURNAUX PAYANTS Journaux locaux ou régionaux qui servent en général les villes ou les communautés locales.	• Bon pour les entreprises locales ou nationales ciblant les zones où elles ont des débouchés. • Les journaux quotidiens ont une durée de vie très courte.
JOURNAUX NATIONAUX Publications quotidiennes (le dimanche, souvent publication normale ou spéciale)	• Bon pour toucher un large public. • Une publicité nationale peut donner du prestige à votre produit. • Cher et ayant une courte durée de vie.
MAGAZINES Large gamme de publications : magazines féminins, magazines spécialisés.	• Bon pour cibler des groupes spécifiques. • Fort intérêt pour le lecteur, donc plus susceptible d'être lu. • Délais de préparation assez longs.
PUBLICATIONS PROFESSIONNELLES Publications pour des métiers ou des activités particulières.	• Excellent pour cibler un groupe professionnel particulier. • Souvent reconnu comme une référence, ce qui augmente leur durée de vie.

CIBLER LA PUBLICITÉ

Pierre s'est rendu compte qu'un encart placé au mauvais endroit n'avait aucun effet, alors qu'une publicité bien placée générait un torrent de travail supplémentaire. Il a appris qu'une campagne de publicité n'aboutissait pas nécessairement à une progression des ventes. Pour que ses publicités soient efficaces, elles devaient toucher la bonne cible. Le profil de lecteurs l'a aidé à sélectionner le bon titre de presse – celui qui était lu par ses clients potentiels.

ÉTUDE DE CAS

Pierre est architecte d'intérieur dans une grande ville. Il a fait passer une première publicité dans un magazine d'architecture, mais il s'est rapidement rendu compte que ce n'était pas le bon outil pour lui, car seuls les gens de la profession lisaient ce titre. Pierre a alors établi un profil des clients qu'il voulait toucher : des personnes assez aisées vivant dans un rayon de 50 km autour de la ville dans laquelle il exerçait. Il a donc placé un encart dans un magazine d'art de vivre régional. Le profil du lectorat disait que le magazine était acheté par des propriétaires relativement fortunés, intéressés par les maisons et les intérieurs et vivant à proximité du centre-ville. Le profil était parfait. La première publicité de Pierre a généré 15 contacts qui ont eux-mêmes abouti à 9 affaires. Il a donc décidé de faire passer un encart chaque mois et à présent, les affaires obtenues par ce biais représentent 80 % de son travail. Résultat, son chiffre d'affaires a augmenté de 60 %.

CRÉER UN ENCART PUBLICITAIRE

Assurez-vous que les éléments qui composent votre publicité (style, ton, couleurs, graphisme, photographies et illustrations) sont choisis en cohérence avec votre cible. Regardez également les publicités de vos concurrents. Créez une proposition simple et claire et évitez les idées complexes qui nécessitent une grande concentration des lecteurs. Assurez-vous que tous les éléments composant votre publicité forment un ensemble harmonieux. Utilisez le texte pour renforcer les photos ou les illustrations et un design qui attire l'œil pour garder la cohésion des différents aspects, créant ainsi un encart persuasif.

63 Entourez vos petits encarts d'une large bordure afin d'améliorer leur impact.

▼ CRÉER SON ENCART PUBLICITAIRE

Quand les lecteurs voient un encart publicitaire pour la première fois, leurs yeux suivent un chemin établi. Tenez compte de ce chemin quand vous concevez votre publicité. Les lecteurs ont tendance à regarder d'abord l'image, puis le titre, le bas, le côté droit, les légendes, les sous-titres et le corps du texte, dans cet ordre.

Utilisez le titre pour attirer l'attention ; n'oubliez pas que 80 % des gens arrêteront de lire dès cette étape.

TITRE

Sous-titre

Le corps du texte se place entre le titre et la photographie pour raconter l'histoire. Près de 80 % des lecteurs n'iront pas si loin. Cependant, ceux qui liront ce texte sont sincèrement intéressés.

Les lecteurs survolent rapidement les sous-titres, les illustrations et les graphiques.

Le corps du texte doit être lisible, informatif, persuasif et directif, mais aussi simple.

La photo ou l'illustration est le premier élément regardé par les lecteurs : elle doit donc les encourager à continuer leur lecture.

Légende de la photographie

Les légendes des photos attirent deux fois plus les lecteurs que le texte principal.

Merci de m'envoyer votre catalogue.

Nom

Adresse

Téléphone Fax

À renvoyer à : Van Village, rue Sans-Nom, 75000 PARIS

NB122

logo

Un système de réponse comme le coupon facilite le passage à l'action des clients.

Donnez un code à chaque coupon afin de savoir quel titre de presse fournit les meilleurs taux de retours et quelles sont les meilleures périodes.

Le logo de la société doit apparaître ici afin de renforcer l'identité visuelle.

TESTER LES PUBLICITÉS

Avant de dépenser votre budget dans l'achat d'espace, demandez à votre personnel, à des passants ou, au mieux, à votre cible ce qu'ils pensent de votre encart. Découvrez s'ils trouvent votre publicité attrayante, le texte lisible, et la proposition persuasive. Montrez-leur deux encarts différents et voyez celui qu'ils préfèrent. Vous pouvez utiliser deux de vos encarts ; ou l'un des deux peut être celui d'un de vos concurrents. Après la parution des encarts, vous pouvez estimer leur efficacité en mesurant l'aboutissement des objectifs, comme le nombre de contacts obtenus, le nombre de ventes ou le pourcentage de déplacement des gens dans vos magasins.

64 Attirez directement les lecteurs en utilisant la première personne dans le texte de vos encarts.

65 Utiliser des encarts en couleurs vous permettra d'attirer deux fois plus de lecteurs.

ANALYSER LES DIFFÉRENTS TYPES DE TITRES

TITRE	EXEMPLE	UTILISATION
DIRECT Présente votre proposition de façon directe et concise.	« Van Village fait la révision de votre camionnette pour seulement 120 €. »	Présenter une proposition simple nécessitant un texte principal sans commentaire.
CIBLÉ Montre l'intérêt de votre publicité en citant votre public cible.	« Propriétaires de camionnettes, cette annonce est pour vous ! »	Attirer les bons prospects et vous assurer qu'ils ne laissent pas passer votre publicité.
MYSTÉRIEUX Attire la curiosité des lecteurs mais n'a aucun sens sans le reste du texte.	« Tout le monde en parle. »	Accrocher les lecteurs et les amener à lire le reste du texte, vous fournissant ainsi une occasion de les persuader.
IMPÉRIEUX Donne au lecteur une instruction qu'il ne peut pas ignorer.	« Contactez-nous dès aujourd'hui pour bénéficier de notre meilleure offre. »	Pousser les lecteurs à réagir et à répondre rapidement à votre publicité.
INTERROGATIF Pose une question dont la réponse ne peut être que « oui ».	« Voulez-vous économiser de l'argent en faisant réparer votre camionnette ? »	Pour attirer l'intérêt des lecteurs et les pousser à accepter votre proposition.

Faire Passer un Spot à la Radio

Les consommateurs écoutent la radio chez eux, au bureau, en voiture. Celle-ci constitue donc un bon moyen de faire passer votre message. Pesez les avantages et les inconvénients avant de choisir d'utiliser la radio, locale ou nationale, recherchez ce que cela implique et évaluez prudemment les coûts.

66 Renseignez-vous auprès de la station de radio afin de savoir si elle peut vous aider à produire votre spot.

67 Demandez à écouter les spots radio déjà réalisés par les agences.

Concevoir de Bons Spots

Les spots publicitaires les plus efficaces sont ceux qui réussissent à faire dresser l'oreille aux auditeurs. Sons, musiques, voix, accents, conversation entre un homme et une femme pour un rythme supplémentaire ou style familier dans lequel le speaker s'adresse directement aux auditeurs, tels sont les éléments qui constituent un bon spot. L'équipement spécialisé et le studio d'enregistrement étant indispensables, désignez une agence de publicité ou l'équipe créative de la station de radio pour concevoir et produire le spot pour vous. Testez le spot sur des auditeurs types. L'apprécient-ils ? Se sentent-ils prêts à acheter ?

ENTRETIEN AVEC LE COMMERCIAL DE LA STATION▼

Préparez une liste de questions à poser. Définissez le profil des auditeurs et quels sont les coûts. Rappelez-vous que le commercial a pour but de vous vendre du temps d'antenne, donc soyez prudent.

Le commercial de la radio vous fournit des informations sur la station et ses auditeurs.

Le manager pose les questions qu'elle a préparées.

L'assistant note les informations et les points essentiels.

AVANTAGES | **INCONVÉNIENTS**

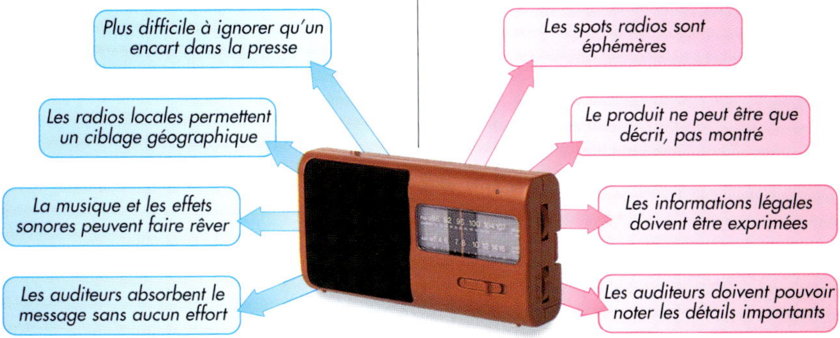

PLANIFIER LES COÛTS

Acheter du temps d'antenne n'est pas le seul élément de la publicité à la radio. Vous devrez certainement payer un concepteur rédacteur pour créer le script de votre spot ainsi que des acteurs ou des comédiens de doublage. Si vous voulez votre propre musique ou jingle, vous devrez payer un compositeur, des musiciens et des chanteurs. Utiliser une musique existante nécessitera une autorisation et impliquera le paiement de royalties. L'utilisation d'un studio, de techniciens et d'effets sonores ont aussi un coût.

▲ **ESTIMER LES BÉNÉFICES**
Considérez à la fois le pour et le contre avant de choisir la publicité radio. Vous pouvez estimer que diviser votre budget publicitaire entre différents médias serait plus efficace.

68 N'oubliez pas que les spots radio sont entendus, et non vus.

LA PUBLICITÉ À LA TÉLÉVISION

Il est possible de produire des spots radio sans faire appel à une agence de publicité, mais les spots TV sont bien plus spécialisés et techniques. Prenez les conseils d'une agence pour savoir où, quand et comment faire passer votre publicité et pour trouver des idées créatives. Proposez à au moins trois agences un court brief écrit expliquant le but que vous voulez atteindre. Demandez à chacune de faire une présentation soulignant leurs références, expliquant comment ils pensent traiter votre demande et détaillant les coûts. Regardez des exemples de leur travail et demandez-leur leurs listes de clients. Sélectionnez votre agence en fonction de son expérience et de ses compétences, de sa créativité, de sa compréhension de vos attentes, de son enthousiasme et du coût global.

MARKETING DIRECT

Le marketing direct est une forme de publicité qui permet de délivrer par la poste un message ciblé et individualisé. Sélectionnez soigneusement le contenu de votre mailing, assurez-vous qu'il correspond à votre cible et testez ensuite l'efficacité de votre campagne.

69 Assurez-vous que votre fichier est régulièrement remis à jour.

70 Vérifiez que les noms sont correctement orthographiés.

COMPRENDRE UN COURRIER PUBLICITAIRE ▼

La publicité par courrier consiste en un mailing soigneusement ciblé envoyé uniquement aux gens enclins à acheter le produit ou service concerné. Un mauvais courrier publicitaire est un courrier hors de propos envoyé aux mauvaises personnes.

IDENTIFIER LES UTILISATIONS

Le marketing direct a plusieurs applications. Utilisez-le pour trouver et convertir de nouveaux clients, pour distribuer des échantillons ou des bulletins d'informations et comme outil de vente auprès des clients existants. Lancez vos nouveaux produits, relancez les clients que vous avez perdus et annoncez les changements ou les ventes et événements spéciaux à venir, les offres spéciales, tout cela par la poste. Gardez contact avec vos clients, envoyez-leur des cartes pour Noël, informez-les des dernières nouveautés et des développements. Envoyez-leur des questionnaires et récoltez des informations très utiles.

DESTINATAIRE D'UN BON MAILING

La destinataire, skieuse régulière, lit le courrier lui offrant un équipement de ski à prix réduit avec beaucoup d'intérêt.

DESTINATAIRE D'UN MAUVAIS MAILING

La destinataire, qui n'a jamais skié et n'a pas l'intention de le faire, jette à peine un coup d'œil au courrier.

CIBLER SON MAILING

Votre mailing n'est bon que si les adresses imprimées sur les enveloppes le sont, c'est pourquoi un bon fichier est essentiel si vous voulez cibler vos clients efficacement et maximiser les retours. Envoyer un courrier à des personnes qui ont déménagé ou changé de travail, qui détestent recevoir des publicités par courrier ou qui ne sont simplement pas intéressés représente un gaspillage de votre budget marketing. Les clients existants sont trois fois plus susceptibles de répondre à un mailing qu'à des prospects neutres, donc faites-en la base de votre liste et recherchez ensuite des noms à y ajouter. Les gens qui se sont renseignés dans le passé ou les anciens clients valent la peine d'être inclus dans la liste, tout comme les personnes dont vous avez récolté les cartes professionnelles.

POINTS À RETENIR

- Le marketing direct est particulièrement efficace pour cibler des groupes de clients spécifiques.
- Il est facile de mesurer de façon exacte l'efficacité du marketing direct.
- Certaines personnes n'aiment pas recevoir de courriers publicitaires et n'ouvriront rien qui ressemble à un mailing.
- Les mailings peuvent être utilisés pour les ventes directes, supprimant ainsi les intermédiaires et vous permettant d'économiser de l'argent.

71 Employez le mot « vous » dans vos mailings ; c'est un puissant attrait.

DIFFÉRENCES CULTURELLES

Dans certains pays, le marketing direct, que ce soit par courrier, par téléphone ou par fax, est régi par des règles strictes qui permettent aux consommateurs de choisir de ne pas recevoir de mailing ou d'appel de démarcheurs. Avant de vous lancer dans une campagne de marketing direct, vérifiez la législation ou les codes concernant les mailings, notamment les lois sur l'utilisation des informations dans les bases de données.

LOUER UN FICHIER

Quand vous recherchez de nouveaux clients, vous pouvez avoir recours à un loueur de fichiers. Ces fichiers sont généralement loués et non vendus ; vous achetez la permission d'utiliser un fichier un certain nombre de fois. Si vous ne respectez pas ces règles, soyez prudent : les fournisseurs de fichiers « implantent » certains noms pour contrôler que leurs fichiers ne sont pas réutilisés sans autorisation. Les noms que vous louez sont appelés des « prospects neutres ». Cependant, s'ils répondent à votre mailing, ils deviennent des « prospects positifs » et vous pouvez les ajouter légitimement à votre propre fichier et les recontacter ultérieurement. Pensez à poser les questions suivantes au loueur de fichiers :

- Comment le fichier a-t-il été compilé ?
- Quand a-t-il été remis à jour ?
- Quels ont été les résultats de ce fichier ?
- Quels ont été les taux de réponses pour ceux qui ont utilisé le fichier avant nous ?
- Pouvons-nous obtenir le fichier sur disquette ou sur étiquettes autocollantes par exemple ?

IDENTIFIER LES ÉLÉMENTS À INCLURE DANS LE MAILING

Un mailing peut n'être rien de plus qu'une simple carte postale avec un message imprimé. Plus généralement, il est composé d'une enveloppe contenant un ou plusieurs des éléments suivants :

- Lettre explicative ;
- Prospectus, brochure ou catalogue ;
- Vidéo promotionnelle ;
- Lettre d'informations ;
- Échantillon de produit ;
- Cadeau gratuit ;
- Coupon de réduction ;
- Bon de commande ;
- Coupon-réponse ;
- Enveloppe prétimbrée.

UTILISER DES ENVELOPPES

L'enveloppe est un élément essentiel de votre mailing et a un rôle important à jouer. Si vous ne pouvez pas encourager les gens à ouvrir l'enveloppe, il ne vaut pas la peine de dépenser de l'argent pour ce qu'il y a à l'intérieur. Certaines entreprises pensent que des enveloppes ressemblant à du courrier normal sont plus efficaces car les clients sont plus enclins à ouvrir un mailing qui ressemble à une lettre ordinaire. D'autres sociétés pensent au contraire que des courriers non déguisés donnent de meilleurs résultats. Les enveloppes imprimées incitant les destinataires à ouvrir le courrier ou qui soulignent l'offre incluse à l'intérieur sont également efficaces. Les enveloppes innovantes peuvent attirer l'attention, tout comme une taille, une forme, une texture ou une combinaison de couleurs inhabituelle ou encore un matériau inattendu, comme du papier d'aluminium ou du plastique. Utilisez des enveloppes pleines d'astuces comme des pneumatiques, ou des attaches inhabituelles comme du Velcro. Tous ces éléments peuvent accroître les taux de réponse, bien qu'ils soient plus chers.

72 Donnez aux destinataires de votre courrier envie de l'ouvrir.

Une enveloppe originale et un cadeau amusant poussent le destinataire à lire le mailing.

ATTIRER L'ATTENTION ▶

Ne considérez pas votre enveloppe comme un simple contenant pour votre mailing. Envisagez d'utiliser une enveloppe originale qui, bien que plus chère, peut accroître les taux de réponse.

CONCEVOIR LE MAILING PARFAIT

Développer le meilleur mailing possible vous permettra de maximiser votre budget. Pour cela, trouvez ce qui fonctionne le mieux. Essayez plusieurs fichiers pour trouver le meilleur, testez différentes offres pour déterminer la plus attirantes pour les clients, envoyez des mailings à différentes dates pour identifier les meilleures périodes et essayez plusieurs systèmes de réponse pour définir lequel génère les meilleurs résultats. Vous pouvez également utiliser la technique du mailing partagé. Par exemple, si vous voulez savoir si une réduction de prix produit de meilleurs résultats, vous pouvez envoyer une offre standard à la moitié de votre fichier et une offre promotionnelle à l'autre moitié. Il vous suffira ensuite de comparer les remontées de chaque moitié.

73 Pensez à élargir votre fichier mailing en une base de données.

▼ **MESURER LES COÛTS**

Le coût par réponse, qui vous donne le montant que vous dépensez pour obtenir chaque réponse, est l'une des méthodes standards pour mesurer de manière exacte l'impact d'un mailing.

Faites le total des coûts de la campagne → **Divisez par le nombre de réponses** → **Définissez le coût par réponse**

74 Utilisez de gros points pour faire ressortir les avantages du corps du texte.

75 Lisez votre mailing à voix haute. Si le texte sonne mal, réécrivez-le.

MESURER LA TRANSFORMATION

Le coût par transformation donne le coût nécessaire pour attirer une vente. Pour l'obtenir, divisez le coût de la campagne par le nombre de ventes. Établissez au départ un coût standard pour chaque transformation. Si un client moyen dépense 15 000 € par an dans l'achat de vos produits, 150 € semble être un investissement acceptable pour conquérir ce type de clients. En revanche, 150 € est une somme trop importante si la valeur annuelle des transactions d'un client moyen est de 50 €. Si votre coût par transformation standard est de 150 € et que vous envoyez 10 000 mailings (coûtant 1,5 €), vous devrez obtenir au moins 100 ventes pour rentrer dans vos frais.

UTILISER INTERNET

Chacun semble vouloir être présent sur le cyberréseau et de plus en plus d'entreprises arrivent chaque jour sur le Net. Assurez-vous de rester en avance sur vos concurrents en développant votre propre site web et apprenez à utiliser efficacement Internet comme réseau de vente.

76 Évitez d'utiliser les traits d'union dans votre nom ; ils compliquent l'adresse du site.

77 Visitez les sites de vos concurrents et retenez les meilleures idées pour votre propre site.

78 Lire sur l'écran est fatigant pour les yeux : présentez un texte facilement lisible.

DÉVELOPPER UN SITE WEB

Votre site peut être le premier contact que vous avez avec vos clients : il est donc important qu'il reflète une bonne image. Vous pouvez télécharger sur Internet des modèles vous permettant de construire votre propre site, mais pour concevoir un site efficace, mieux vaut faire appel à un expert. Les concepteurs de sites professionnels connaissent toutes les astuces. Ils peuvent vous aider à vous assurer que votre site apparaît dès qu'un client potentiel utilise un moteur de recherche pour vous trouver et créer des liens avec d'autres sites. Ils peuvent également vous conseiller sur le choix du nom, le sécuriser et l'enregistrer pour vous et, moyennant quelques frais, remettre régulièrement votre site à jour.

LES POUR ET LES CONTRE DE LA VENTE PAR INTERNET

AVANTAGES	LIMITES
Permet la circulation d'une somme importante d'informations.	La fraude pose des problèmes, que ce soit pour les vendeurs ou pour les acheteurs.
Fournit une porte vers de nouveaux marchés.	Les achats en ligne ne concernent que certains clients.
Permet la réaction immédiate des clients.	Le piratage et les virus constituent une menace permanente.
Le nombre de visiteurs peut être calculé.	Il est impossible d'aller vers le client ; c'est à lui de faire le premier pas.
Disponible 24 h/24 – Internet ne dort jamais.	Tout le monde n'est pas connecté.

TIRER LE MEILLEUR DE SON SITE WEB

Définissez prudemment la façon dont vous souhaitez utiliser votre site et construisez-le selon vos besoins. Réfléchissez à la manière dont Internet va s'intégrer à votre plan marketing global. Il ne doit pas être considéré isolément mais comme un élément d'une stratégie plus large. Votre site peut être utilisé pour :

- De la publicité interactive ;
- Créer un support client via leur e-mail ;
- Maintenir les relations avec les clients existants et en attirer de nouveaux ;
- Accroître la connaissance et l'intérêt pour vos produits, vos services ou votre société ;
- Mener des études de marché ;
- Vendre des produits et des services en ligne ;
- Fournir des informations sur les produits et sur leur disponibilité.

◀ **DONNER LE CONTRÔLE** *La publicité traditionnelle est relativement passive : les entreprises la poussent vers les consommateurs. Internet est un média proactif : les clients vont chercher l'information dont ils ont besoin.*

FAIRE DE LA PUBLICITÉ SUR INTERNET

La publicité sur Internet continue de se développer. Elle est peu coûteuse et mesurable, interactive, parfois amusante et peut être vue à tout moment, de jour comme de nuit. Utilisez-la pour atteindre de nouveaux marchés sur le plan local, national ou mondial. Faites de la publicité sur d'autres sites, grâce à des bannières publicitaires, par exemple, principaux véhicules publicitaires sur Internet, ou à des encarts fixes ou animés, souvent placés sur les moteurs de recherche et qui, lorsqu'on clique dessus, créent un lien direct avec votre site. Sponsorisez d'autres sites qui peuvent fournir un accès à votre propre site. Les courtiers du web vous fourniront des informations démographiques afin de vous aider à décider où et comment faire de la publicité sur le Net, et ils pourront également négocier l'achat d'espaces pour vous.

POINTS À RETENIR

- Votre site web doit être conçu de façon à refléter votre image de marque.
- Un site web doit être facile et rapide à utiliser.
- Si vos pages sont trop compliquées ou trop longues à télécharger, les prospects peuvent quitter votre site pour visiter ceux des concurrents.
- Il doit être possible de retourner à la page d'accueil en un seul clic.
- Inclure un lien e-mail permettra aux visiteurs d'entrer facilement en contact avec vous.
- Enregistrer votre site dans les annuaires peut vous aider à le promouvoir.
- Votre site doit être constamment remis à jour afin de rester actuel et pertinent.

CRÉER UNE BOUTIQUE VIRTUELLE

Le commerce électronique est un important secteur de croissance car il offre un réseau de vente rapide, rentable et ouvert à toute heure. Mettre en place une boutique sur le Net est très différent d'avoir simplement un site web. Une fois que vous commencez à vendre en ligne, vous entrez dans un nouveau monde et une restructuration interne sera certainement nécessaire. Mettez-vous à établir un système de gestion des commandes, incluant des bulletins de commande interactifs, le traitement et le traçage des commandes, un système de paiement sécurisé, une facturation automatisée, et des systèmes de préparation et de livraison des commandes. Certains produits ne se prêtent pas bien à la vente en ligne (ceux qui ont besoin d'être touchés ou sentis) alors que d'autres sont faits pour ça (la musique ou les logiciels, par exemple, qui peuvent être téléchargés sur le Net).

79 Faites enregistrer votre site dans les annuaires afin de vous assurer une bonne promotion.

▼ ANALYSER LES UTILISATIONS D'UN SITE WEB

Un site web peut avoir de nombreuses applications marketing. Utilisez-le pour construire et maintenir vos relations avec les clients via les e-mails afin de vendre, de promouvoir la connaissance de vos produits et de vos services sur un marché plus large, de donner des informations récentes, etc.

80 Réactualisez régulièrement les informations de votre site.

81 Vérifiez que vos produits conviennent à la vente en ligne.

QUESTIONS À SE POSER

Q Nos clients vont-ils sur Internet ?

Q Notre produit/service peut-il être vendu en ligne ?

Q Devons-nous limiter notre présence en ligne à la promotion de notre entreprise ?

Q Avons-nous les compétences pour créer et maintenir notre site ?

Q Devons-nous vendre *via* Internet et sommes-nous capables de traiter les commandes supplémentaires ?

ENVOYER DES E-MAILS AUX CLIENTS

Comme pour le courrier réel, les courriers électroniques peuvent être mal ciblés. Un e-mailing de masse vers des prospects non ciblés ne servira qu'à nuire à votre image. Cependant, communiquer par e-mail avec vos clients et des prospects bien ciblés peut créer un réel avantage. L'e-mail fournit un moyen très bon marché d'entretenir une relation durable. Demandez aux visiteurs de votre site web s'ils désirent recevoir des mises à jour, des informations, des offres spéciales ou des détails sur de nouveaux produits par e-mail ; la plupart diront oui. Demandez à vos clients actuels leur adresse e-mail. Actualisez régulièrement votre liste d'e-mails et trouvez des raisons justifiées de garder le contact. Pensez à inclure une option pour que les clients puissent demander à être retirés de votre mailing list s'ils le désirent.

RASSURER LES CLIENTS VIRTUELS

Internet n'est plus un phénomène nouveau mais la vente en ligne suscite toujours une certaine méfiance. Nombreuses sont les histoires effrayantes concernant les fraudes et les commandes inaccomplies. Donnez à vos clients confiance en votre site web. Expliquez comment les paiements par cartes de crédit sont sécurisés. Créez une charte afin de rassurer les gens et de leur prouver qu'il n'est pas risqué d'acheter vos produits en ligne. Expliquez clairement votre politique de remboursement. Révélez votre procédure de plainte. Incluez une adresse, des numéros de téléphone et de fax, le nom d'un contact afin que les clients aient tous les moyens de vous contacter en cas de nécessité.

82 **Créez un nom de site court, facile à épeler et à retenir.**

Le client est impressionné de pouvoir échanger les produits achetés sur le Net dans les points de vente du fournisseur.

INSTALLER LA CONFIANCE

Quand c'est possible, permettez à vos clients d'utiliser à la fois votre magasin virtuel et vos points de vente réels si vous en avez. Si les clients achètent sur le Net, offrez-leur la possibilité d'échanger les produits dans vos magasins.

DÉVELOPPER UNE STRATÉGIE

Une stratégie donne aux activités une route définie à suivre et une destination claire. Construisez une stratégie marketing et vous réaliserez que le marketing est réellement un travail à long terme.

PENSER DE FAÇON STRATÉGIQUE

Quand vous concevez une stratégie marketing, commencer est souvent la partie la plus complexe. Rassemblez une équipe forte pour vous aider à planifier votre approche et assurez-vous que tout le monde comprend les éléments stratégiques qui contribueront au succès.

83 Prenez le temps qu'il faut : aucune décision clé ne doit être prise dans l'urgence.

84 Travaillez sur votre stratégie marketing dans le calme, à tête reposée.

BÉNÉFICIER DE L'APPROCHE STRATÉGIQUE

Une stratégie marketing fournit aux entreprises une vision claire du futur. Bien trop souvent, les entreprises mettent en place une opération marketing et attendent ensuite tranquillement de voir ce qui se passe. Ou bien, en réaction instinctive à une baisse des ventes ou de l'activité d'un concurrent, elles mettent en place une offre promotionnelle, presque comme si elles concevaient leur marketing au fur et à mesure. Une approche stratégique vous permettra de maximiser les retours sur vos investissements marketing et d'augmenter les profits.

▲ **ÊTRE UN DIRECTEUR MARKETING EFFICACE**
Un bon directeur marketing a une vision stratégique des choses, assurant un retour maximal sur les investissements marketing et l'augmentation des profits. Un mauvais directeur n'a pas à l'esprit d'objectif clair et à long terme.

CONSTRUIRE UNE ÉQUIPE

Créer une stratégie marketing de A à Z peut être intimidant, notamment si vous n'êtes pas un spécialiste du marketing. Constituez une équipe qui vous assistera dans la conception de vos plans stratégiques. Impliquez les personnes dont les fonctions sont en relation avec le marketing et celles dont le travail induit un contact important avec les clients. Avant de mettre en œuvre votre stratégie, établissez un terrain d'entente en vous accordant sur les définitions et sur les objectifs. Construisez une équipe unie, en organisant par exemple une journée dans un lieu plaisant afin de discuter des problèmes et des intérêts marketing. Montrez que vous appréciez la contribution que chaque membre de l'équipe peut offrir. Établissez votre autorité en tant que chef d'équipe en dirigeant les réunions et en gérant le suivi de l'activité.

85 Choisissez les membres de votre équipe pour leurs compétences.

Un consultant externe peut vous offrir un avis impartial.

RECOURIR À UN PROFESSIONNEL ▶
Envisagez de faire appel à une aide externe ou à un professionnel du marketing pour travailler avec votre équipe et recentrer vos idées.

ANALYSER SA SITUATION

Planifier votre future stratégie marketing sera plus efficace si vous commencez par étudier le présent. Étudiez tous les aspects de votre entreprise : vos produits ou vos services, vos clients, votre marché et vos concurrents. Regardez attentivement l'activité marketing que vous entreprenez en ce moment ainsi que le raisonnement qui la soutient. Demandez-vous pourquoi vous adoptez certaines pratiques de travail. Existe-t-il des raisons valables de mettre en œuvre des opérations marketing de la façon dont vous le faites ou est-ce juste la force de l'habitude ? Quels sont vos succès marketing ? Quels sont vos échecs ? Examinez votre position sur le marché et comparez-vous avec vos concurrents. Construisez une image réaliste de votre entreprise telle qu'elle est aujourd'hui. Ensuite seulement vous serez prêt à envisager l'avenir.

PLANIFIER SON APPROCHE

Estimez le temps qu'il vous faudra pour développer votre stratégie en tenant compte de toutes les étapes. Assurez-vous que tous les membres de votre équipe pourront trouver le temps nécessaire à la mise en œuvre de leurs tâches. Concevez un processus pour la mise en œuvre de votre stratégie. Cela peut comprendre des réunions d'équipe hebdomadaires, ainsi que l'attribution et le suivi de tâches pour chacun. Établissez une date butoir pour la réalisation complète de votre stratégie afin de conserver votre élan. Fixez des dates à l'avance pour toutes les réunions qui seront nécessaires et notez-les dans votre agenda afin de limiter au maximum les risques d'absence. Gardez les notes prises lors des réunions et faites circuler les principales décisions auprès des membres de votre équipe.

QUESTIONS À SE POSER

Q Y a-t-il une autre personne qui devrait faire partie de l'équipe ?

Q Devrons-nous faire un compte rendu à un supérieur hiérarchique ?

Q Serait-il utile d'engager un professionnel externe du marketing pour nous aider à établir le processus d'organisation ?

CRÉER UNE STRATÉGIE

Réunissez votre équipe

↓

Examinez la situation actuelle

↓

Fixez des objectifs

↓

Planifiez vos actions

↓

Mettez en œuvre votre stratégie

↓

Faites le bilan de votre stratégie

RÉALISER UNE ANALYSE ATTRAITS/ATOUTS

Une analyse attraits/atouts consiste à étudier les forces, les faiblesses, les opportunités et les menaces qui caractérisent la situation de l'entreprise. Elle fournit de nombreuses informations sur la façon de concevoir une stratégie marketing. Concevez des objectifs visant à renforcer les domaines les plus faibles, à exploiter les forces, à saisir les occasions et à anticiper les menaces. Pour vous aider dans votre analyse, faites tout d'abord une liste de vos forces et posez-vous ensuite les questions suivantes :

- Utilisez-vous vos forces au maximum de leurs possibilités ?
- Existe-il des opportunités que vous pourriez exploiter ? Y a-t-il de nouveaux marchés émergents ou des groupes de personnes encore inexploités ?
- Vos concurrents représentent-ils une menace ?
- Quelles sont les menaces présentes sur le marché ?
- Quelles sont les activités dans lesquelles vous êtes le plus faible ?

86 Fixez un délai pour la réalisation totale de votre stratégie.

87 Utilisez l'analyse attraits/atouts pour vous améliorer.

LES ÉTAPES DU SUCCÈS EN MARKETING

Toute stratégie marketing comprend trois étapes principales : tout d'abord, déterminez ce que vous voulez atteindre ; ensuite, adoptez la bonne approche ou méthode pour atteindre ce but ; enfin, évaluez les résultats pour mesurer le niveau de réussite.

But → **Action** → **Résultats**

IMPLIQUER LES COLLABORATEURS

Jeanne était responsable des ventes pour une petite entreprise fabriquant des canapés-lits. Bien que peu formée au marketing, elle avait également en charge l'ensemble du marketing de l'entreprise. Elle a découvert qu'impliquer ses collaborateurs dans les principales opérations marketing était bénéfique.

Sans consulter ses collaborateurs, Jeanne a décidé de lancer un site Internet pour attirer de nouveaux clients. Le succès a été énorme : 40 commandes reçues le premier jour. Malheureusement, ces commandes venaient des quatre coins du pays, ce qui a posé un problème de distribution (jusque-là, les commandes venaient de détaillants de la région, ce qui permettait des livraisons simples et rapides). Étant donné que le département production avait déjà une commande de 500 canapés-lits pour un nouvel hôtel, l'entreprise a été incapable de fournir l'ensemble des commandes dans les délais et les nouveaux clients ont été déçus. Cette situation embarrassante a fait réaliser à Jeanne qu'elle devait intégrer les membres des départements production et expédition dans l'organisation des futures opérations promotionnelles afin qu'ils puissent partager avec elle les informations importantes concernant les périodes de suractivité, les engagements existants et les problèmes de distribution.

DÉFINIR DES OBJECTIFS

La stratégie est un plan d'action conçu afin d'atteindre certains objectifs. Définissez soigneusement vos objectifs car toute votre stratégie marketing va s'articuler autour d'eux, et assurez-vous qu'ils sont mesurables et que vous pourrez évaluer leur succès.

88 Prenez le temps de définir vos objectifs soigneusement.

89 Fixez des objectifs réalisables.

FIXER DES OBJECTIFS

Analysez la situation actuelle

↓

Définissez l'idéal et modifiez-le afin d'y intégrer une dose de réalisme

↓

Fixez des objectifs mesurables à court et à long terme

↓

Recherchez le conseil et l'avis de vos collaborateurs

↓

Modifier et finalisez vos objectifs

FAIRE L'INVENTAIRE

Les objectifs sont conçus pour permettre à votre entreprise d'évoluer de sa situation actuelle vers la position que vous souhaitez lui faire adopter dans le futur. Les objectifs à court terme peuvent être des étapes dans l'accomplissement d'objectifs à plus long terme. Analysez votre situation et demandez-vous ensuite : « Que se passera-t-il si nous ne faisons rien ? » Vos produits vont-ils se démoder ? Vos clients resteront-ils fidèles à une entreprise qui n'évolue pas ? Vous devez vous poser continuellement la question « et si ? » afin de réaliser les dangers encourus si vous ne restez pas en contact avec les besoins des clients.

CRÉER UNE VISION

Demandez-vous où vous aimeriez voir votre entreprise dans cinq ans. Quelle position aimeriez-vous atteindre sur le marché ? Voudriez-vous obtenir une croissance significative de votre clientèle et de votre rentabilité ? Aimeriez-vous être la marque leader ? Créez le scénario parfait. Ensuite, incorporez-y une partie de réalisme. Réfléchissez aux changements probables dans les domaines économiques, légaux, technologiques, sociaux et politiques. Représenteront-ils des chances ou des menaces ? Modifiez votre vision idéale afin de prendre en compte les réalités du marché. Définissez ce qui est réalisable, même si cela demande un travail très important. Enfin, conservez toujours une trace de toutes vos idées.

FIXER DES OBJECTIFS

Le cadre pour vos objectifs existe déjà : il s'agit de votre vision du futur. Maintenant, prenez chaque but que vous avez pour l'avenir et transformez-le en objectif. N'oubliez pas qu'un objectif expose uniquement ce que vous voulez atteindre et non la façon d'y arriver. Chacun d'entre eux devra avoir un cadre temporel et quantitatif. Cela vous aidera à vous concentrer sur vos objectifs et à en mesurer la réussite. Certains objectifs seront réalisables dans un futur proche : il s'agit des objectifs à court terme. Les autres seront réalisés à plus long terme. Répartissez vos objectifs selon ces deux catégories afin de pouvoir gérer la quantité de travail nécessaire pour atteindre ces objectifs. Enfin, pensez à les exprimer clairement et sans ambiguïté.

▼ FIXER DES OBJECTIFS QUANTIFIABLES

En fonction de votre vision du futur, listez vos objectifs puis quantifiez-les tout en définissant une date butoir ou un délai de réalisation. Cela vous permettra d'évaluer la progression et de mesurer le succès de façon plus efficace.

Vision du futur

Être le numéro 1 dans votre domaine.

Objectif	Évaluation concrète	Durée
Augmenter notre base de clients	de 25 %	Sous douze mois
Élargir notre gamme de produits	Grâce à l'introduction de 2 nouvelles lignes	Avant la fin janvier
Affiner le profilage de nos clients	Afin d'améliorer la connaissance de notre marque et de nos produits de 20 %	Neuf mois à compter du début de la campagne de profilage

90 Fixez au moins un objectif qui peut être réalisé rapidement.

91 Discutez des objectifs avec vos collaborateurs afin d'être certain de leur soutien.

OBTENIR L'APPROBATION

Une fois que vous avez défini les objectifs autour desquels vous allez élaborer votre stratégie, recherchez l'approbation de vos collaborateurs. Le marketing est une discipline qui dépasse les frontières d'un département : ses activités auront des répercussions sur différents services. Pour être efficace, vous devez donc recueillir le soutien de vos collaborateurs. Assurez-vous qu'ils comprennent l'importance de ces objectifs et l'effet que cela aura sur leur travail. Écoutez toutes les objections qu'ils peuvent formuler et évaluez leur validité. Il est préférable de perdre un peu de temps à discuter des objectifs à ce moment-là, car vous pourrez ainsi, si c'est nécessaire, les modifier avant d'investir des efforts considérables dans la définition des moyens pour atteindre vos buts.

ATTEINDRE SES BUTS

Vous avez défini vos objectifs : vous pouvez maintenant travailler à la façon d'atteindre votre but final. Recherchez les contraintes, comme le temps et l'argent, et créez ensuite un plan de mise à exécution de vos activités afin d'obtenir un plan de travail marketing.

92 Encouragez la participation aux séances de brainstorming.

93 Organisez les brainstormings en dehors du lieu de travail ; c'est généralement plus efficace.

TROUVER DES IDÉES

Trouver des idées pour atteindre ses objectifs résulte d'un processus créatif. La meilleure technique pour libérer la créativité est le brainstorming. Affichez un objectif sur un tableau blanc ou sur un paperboard. Ensuite, réunissez votre équipe et demandez-lui de suggérer des idées pour vous aider à atteindre cet objectif. Écrivez toutes les idées sur un paperboard. À cette étape, ne les commentez pas, ne les jugez pas, ne les discutez pas, ne les évaluez pas. Contentez-vous d'enregistrer les suggestions. Essayez d'obtenir le plus d'idées possible et encouragez tous les membres du groupe à participer.

IMAGINER DES SOLUTIONS ▼

Discutez toutes les idées mises en avant durant le brainstorming. Si une idée semble irréalisable, encouragez votre équipe à imaginer des solutions innovantes plutôt que de l'écarter.

Un membre de l'équipe suggère d'envoyer une lettre d'informations mensuelle sur les produits à tous les clients.

Un autre demande si cette idée sera réalisable dans les contraintes de temps et d'argent.

Un membre de l'équipe suggère l'utilisation de l'e-mail, à la fois plus facile et plus économique.

Le responsable est d'accord avec l'idée modifiée et accepte de la mettre en œuvre.

PRÉPARER LES BUDGETS

Étudiez vos idées marketing et calculez le coût de chacune d'entre elles. N'oubliez pas que le marketing implique de satisfaire les besoins des clients tout en réalisant des bénéfices. Les idées du marketing doivent donc avoir un impact positif sur le bilan. Une campagne de publicité peut être très coûteuse, mais si les profits sont plusieurs fois supérieurs aux coûts, la dépense est justifiée. Évitez de définir dès le départ un budget marketing global. Évaluez plutôt les coûts et les recettes, décidez de ce qui est justifié, et ensuite calculez le budget.

POINTS À RETENIR

- Le coût des activités non entreprises, ainsi que celui des occasions manquées et de leur effet sur votre image doit être pris en considération.
- Les activités de votre plan de mise à exécution doivent être réalisables.
- Examinez le coût d'une campagne de publicité, mais également les bénéfices.

94 Déterminez les coûts et les recettes avant de définir votre budget.

PLANIFIER LES OPÉRATIONS

Donnez un ordre de priorité à vos opérations et organisez-les selon un ordre logique. Fixez une date pour chaque opération. Pour définir ces dates, prenez en compte l'importance de la période. Certaines idées sont plus efficaces quand il existe un lien marketing évident. Par exemple, si vous produisez de la lingerie féminine, essayez de lier votre promotion à un événement significatif ou important, comme la journée de la Femme. Quand vous planifiez, gardez à l'esprit l'impact que vos opérations auront en interne. Évitez de programmer des opérations qui demandent un travail intensif pendant les périodes de vacances, par exemple. N'oubliez pas que ce plan d'exécution est votre plan de travail marketing.

▼ PRÉPARER SON PLAN

La mise en place de certaines idées marketing va requérir peut de temps et d'argent. D'autres seront plus coûteuses et/ou plus difficiles à mettre en place. Listez vos idées et attribuez-leur un niveau de priorité : faible, moyenne ou forte. Définissez ensuite des dates de début et de fin. N'hésitez pas à mettre immédiatement en œuvre les idées dont la priorité est faible si elles sont rapides, faciles ou peu coûteuses.

PLAN MARKETING

OPÉRATION	PRIORITÉ	DATE DE DÉBUT	DATE DE FIN
Organiser un déjeuner pour les dix meilleurs clients	Moyenne		Avant fin février
Réaliser un nouveau catalogue	Forte	Mi-janvier	Fin mars
Mettre la mailing list à jour pour l'envoi du nouveau catalogue	Forte		Fin mars
Envoyer le nouveau catalogue	Forte	Début avril	

METTRE LA STRATÉGIE EN ŒUVRE

Une fois la stratégie établie, il faut la mettre en œuvre. Assignez des tâches aux membres de votre équipe, fournissez-leur toute l'aide dont ils ont besoin, contrôlez ensuite la progression et révisez régulièrement vos objectifs.

95 Demandez des rapports d'activité réguliers sur les informations dont vous avez besoin.

96 Assurez-vous que votre personnel vous informe des retards et des difficultés.

ASSIGNER LES TÂCHES

Certaines entreprises fournissent un effort considérable dans le développement de la stratégie, mais cet enthousiasme et cette énergie déclinent quand il faut passer à la mise en œuvre. Assurez-vous que votre stratégie est mise à exécution, assignez chaque tâche ou activité prévue dans l'année à venir à une personne précise qui a le temps, les connaissances, les compétences, le budget et l'autorité pour l'accomplir. Donnez-leur des instructions claires sur ce qui est attendu et sur les délais pour le faire. Si nécessaire, demandez-leur de vous fournir des rapports réguliers afin de vous assurer que tout se déroule comme cela a été prévu.

◀ **EXAMINER L'AVANCÉE DES OPÉRATIONS**

Les réunions générales du marketing doivent être ouvertes à un grand nombre d'employés. De petites réunions de bilan seront aussi nécessaires. Celles-ci concerneront l'équipe qui a collaboré à la conception de votre stratégie. Réunissez-vous au moins tous les trois mois, voire plus si c'est possible.

METTRE LE PLAN EN ACTION

Assurez-vous que vous permettez aux membres de votre équipe d'avancer dans leur tâche, mais assurez-vous également que vous ne les négligez pas. Créez un forum pour tous ceux qui sont impliqués dans la création et la mise en œuvre de la stratégie afin que chaque problème puisse être discuté. Travaillez ensemble pour trouver des solutions. Créez une atmosphère de soutien, satisfaisant ceux qui progressent et encourageant ceux qui ont des difficultés. Chaque membre de l'équipe n'étant impliqué que dans la mise en œuvre d'une petite partie de la stratégie, vous devez organiser des réunions générales qui leur permettront d'avoir une vision d'ensemble de ce projet. Utilisez ce forum pour faire le bilan et discuter de l'avancée de chacun. En partageant cela avec votre équipe, vous les aiderez à voir les avantages du marketing.

QUESTIONS À SE POSER

Q Les bénéfices ont-ils augmenté depuis la mise en œuvre de notre stratégie ?

Q Avons-nous constaté une augmentation de notre clientèle ?

Q Avons-nous attiré plus de commandes ou des commandes plus importantes ?

Q Les demandes d'informations sur nos produits et nos services ont-elles augmenté ?

Q La connaissance de notre entreprise et de nos produits/services est-elle meilleure ?

97 Après avoir délégué une tâche, essayez d'éviter d'interférer, à moins qu'il n'y ait un risque que les objectifs ne soient pas atteints.

▼ **REVOIR LES OBJECTIFS**

Le monde bouge. Votre entreprise, votre marché sont susceptibles de changer à tout moment. Dans ce cas, vous devrez redéfinir vos objectifs. Revoyez-les tous les six mois ou chaque année afin de contrôler qu'ils sont toujours valides.

OUI	CONTRÔLER LES OBJECTIFS	NON
Poursuivez la mise en œuvre	**Vos objectifs sont-ils toujours pertinents ?**	*Revoyez vos objectifs*
Pensez à définir de nouveaux objectifs	**Avez-vous déjà atteint un de vos objectifs ?**	*Poursuivez la mise en œuvre*
Définissez de nouveaux objectifs	**Existe-t-il de nouvelles données qui requièrent la création de nouveaux objectifs ?**	*Poursuivez la mise en œuvre*

GAGNER DU SOUTIEN

Malgré son rôle vital, le marketing n'est pas toujours reconnu dans l'entreprise. Gagner le soutien en interne doit être une partie de votre stratégie. Détruisez les barrières entre les départements et faites du service marketing un pivot de l'entreprise.

98 Expliquez à vos collègues comment le marketing peut soutenir leur travail.

99 Faites en sorte que vos collègues soient au courant de vos succès.

100 Cultivez le soutien de tous vos collègues.

TROUVER DES ALLIÉS

Les directeurs de marketing se plaignent souvent que leurs départements sont toujours blâmés quand les choses tournent mal, mais jamais félicités quand tout se passe bien. Il peut s'avérer difficile pour certaines personnes de l'entreprise de comprendre le bien-fondé du marketing. Gagnez le soutien, la compréhension, l'engagement et la collaboration de vos collègues des autres services, y compris le P-DG et le directeur général. Parlez-leur de vos succès marketing. Montrez-leur ce qu'un marketing efficace peut apporter à l'entreprise.

DEVENIR UNE ORGANISATION MARKETING

Si le personnel de l'entreprise peut voir la pertinence et les avantages du marketing, sa collaboration suivra naturellement. Il pourra vous fournir un avis constructif sur le matériel marketing ou vous apporter des idées intéressantes pour améliorer le service client. Impliquez l'ensemble du personnel dans les opérations marketing. Demandez-leur d'exprimer leurs idées et montrez-leur la valeur que vous accordez à leur contribution.

▼ PARTAGER LES SUCCÈS

Expliquez à vos collaborateurs comment les techniques de marketing peuvent être utilisées pour les soutenir dans leurs propres activités. Impliquez les personnes concernées des autres services dans la conception du plan marketing. Intéressez-les à son succès.

Partager les Informations

▲ **AIDER LES AUTRES SERVICES**
Renseignez-vous sur ce que font vos collègues des autres services chaque jour et voyez si vos compétences en marketing peuvent les aider à fournir un meilleur service aux clients.

Tenez vos collaborateurs au courant de toutes les opérations de marketing. Le personnel se plaint parfois d'être toujours le dernier au courant des activités du département marketing ; ils apprennent l'existence d'une nouvelle publicité quand un client ou un ami leur en parle. Quand cela arrive, les gens se sentent stupides, embarrassés ou mal informés. Utilisez les mémos et les e-mails pour les tenir au courant. Faites-leur sentir qu'ils ont une connaissance d'initiés. Prévenez-les un jour avant la parution d'une nouvelle publicité dans la presse ou avant le passage d'un nouveau spot radio. Informez-les qu'une campagne de marketing direct est sur le point d'être lancée. Il est toujours bénéfique d'avoir un personnel bien informé et impliqué.

Points à Retenir

- Un marketing efficace nécessite le soutien de toute l'entreprise.
- Le département marketing ne peut pas travailler en vase clos.
- Ne donnez pas à vos collaborateurs la possibilité de mettre en question votre valeur et votre contribution.

101 Préparez-vous à justifier votre existence de manière positive.

Faire Face au Scepticisme

Il n'est pas rare que les employés critiquent les autres services de leur entreprise, et le marketing attire souvent plus que sa part de commentaires. Si les personnes ne travaillant pas dans le service marketing disent « Nous ne savons pas ce que les gens du marketing peuvent bien trouver à faire de leur journée » ou « Le marketing ne comprend pas les réalités de notre travail », c'est que vous travaillez dans une entreprise compartimentée. Si c'est le cas, faites tout ce que vous pouvez pour cultiver le soutien et le respect de vos collègues des autres départements. Dans une véritable organisation marketing, tous les membres du personnel peuvent voir les avantages directs du marketing et sont complètement conscients de la façon dont l'équipe marketing contribue à la réussite générale.

ÉVALUER SES COMPÉTENCES

Une bonne compréhension de la théorie marketing et la connaissance pratique des techniques sont nécessaires pour être capable de mettre en place une stratégie marketing efficace. Ce questionnaire vous permettra de tester votre approche du marketing. Répondez aux questions aussi honnêtement que possible. Si votre réponse est « jamais », cochez la case 1, etc. additionnez les points obtenus et reportez-vous à l'analyse présente à la fin du questionnaire.

OPTIONS

1 Jamais

2 Parfois

3 Souvent

4 Toujours

1 Je définis les besoins des clients avant de développer de nouveaux produits et services.

1 2 3 4

2 Je collecte des informations sur les clients et les utilise pour prendre des décisions.

1 2 3 4

3 Je prends en compte les critères d'achat des clients avant de promouvoir mes produits.

1 2 3 4

4 J'agis pour être sûr que chaque client est un client satisfait.

1 2 3 4

5 Je m'assure que chaque commande est traitée rapidement et correctement.

1 2 3 4

6 Je mets en place des standards pour assurer une attention efficace envers les clients.

1 2 3 4

7 Je compare les résultats détenus par l'entreprise aux standards mis en place.

1 2 3 4

8 Je prends au sérieux les réclamations des clients et offre des compensations.

1 2 3 4

9 Je surveille le nombre de plaintes reçues et alerte les services concernés.

1 2 3 4

10 J'essaye de voir si je peux apprendre quelque chose des plaintes des clients.

1 2 3 4

11 Je trouve des raisons de rester régulièrement en contact avec les clients.

1 2 3 4

12 J'essaye de transformer les clients occasionnels en clients réguliers.

1 2 3 4

13 Je garde une trace des contacts avec les clients clés et note leurs réactions.

1 2 3 4

14 Je demande aux clients s'ils recommanderaient mes produits, et sinon pourquoi.

1 2 3 4

15 Je m'efforce de montrer aux clients que leur participation est valorisée.

1 2 3 4

16 J'essaye de comprendre pourquoi nous avons perdu des clients.

1 2 3 4

17 J'essaye de récupérer les clients perdus par des mailings ciblés.

1 2 3 4

18 Je recherche de nouveaux clients et je m'efforce d'anticiper les marchés.

1 2 3 4

19 J'essaye d'entretenir la fidélité des clients par des offres spéciales et des petits cadeaux.

1 2 3 4

20 Je recherche les réactions et les commentaires des clients et en tiens compte.

1 2 3 4

21 J'écoute ce que disent les clients et je tiens compte de leur avis.

1 2 3 4

22 Je fais attention aux petits détails qui font toute la différence.

1 2 3 4

23 J'essaye d'ajouter de la valeur à nos produits et à nos services.

1 2 3 4

24 Je fais ressortir les avantages de nos produits ou de nos services et non les caractéristiques.

1 2 3 4

25 J'utilise les techniques de relations publiques pour accroître l'efficacité du marketing.

1 2 3 4

26 J'élabore une stratégie de prix pour chaque nouveau produit.

1 2 3 4

27 Je fixe des objectifs précis et réalistes pour nos campagnes publicitaires.

1	2	3	4

28 Je cible soigneusement les mailings avec des fichiers mis à jour.

1	2	3	4

29 Je fais attention à choisir les bonnes enveloppes pour nos campagnes de marketing direct.

1	2	3	4

30 Je teste les mailings pour trouver la meilleure combinaison.

1	2	3	4

31 Je mesure toujours l'efficacité globale de nos campagnes publicitaires.

1	2	3	4

32 J'informe les personnes qui ne travaillent pas au marketing des activités clés du marketing.

1	2	3	4

Résultats

Après avoir répondu à toutes les questions, additionnez vos points et vérifiez vos performances d'après le total obtenu. Quel que soit le niveau obtenu, il est toujours possible de s'améliorer. Identifiez vos points faibles et reportez-vous dans cet ouvrage aux chapitres concernés : vous y trouverez des trucs et des conseils pratiques pour vous aider à établir et à aiguiser vos compétences en marketing.

De **32 à 64** points. Vous devez adopter une approche plus organisée, plus planifiée, plus méthodique et plus mesurée afin d'améliorer votre efficacité.

De **65 à 95** points. Vous avez de sérieuses compétences, mais certains points restent à améliorer pour que vous soyez totalement efficace.

De **96 à 128** points. Vous avez adopté une approche parfaitement professionnelle et stratégique du marketing, ce qui vous permet de réussir remarquablement vos campagnes. Continuez dans cette voie pour rester en avance sur la concurrence.

INDEX

Titres Disponibles

- Créer son CV
- Développer son potentiel
- Diriger efficacement
- Diriger une équipe
- Gérer le changement
- Gérer son temps
- Organiser une réunion
- Parler en public
- Prendre des décisions
- Savoir communiquer
- Savoir déléguer
- Savoir manager
- Savoir motiver
- Savoir négocier
- Techniques d'entretien
- Vaincre le stress
- Vendre avec succès
- Gérer un Budget
- Élaborer une stratégie
- Développer un projet
- Internet & l'entreprise
- Comprendre la comptabilité
- Se convertir au e-business
- Comprendre la PNL
- Coacher avec succès
- Les relations publiques

Moi Ali a travaillé dans le marketing pendant plus de 15 ans et dirige aujourd'hui sa propre entreprise de relations publiques et de marketing, spécialisée dans les projets à petits budgets. Elle collabore régulièrement à des magazines spécialisés dans ce domaine et est l'auteur de nombreux livres.

Photographies

Code : h haut ; b bas ; c centre ; d droite ; g gauche

Ace Photo Agency : 14bg ; Corbis UK Ltd : 33bd ; Pictor International : 4-5, 11bg, 65hd ; Tony Stone Images : Alan Thornton 42cb ; Superstock Ltd. : 39bg, 52 cd ; Telegraph Colour Library : 62bl ; UPS : 32bl.